湘西苗族民间传统文化丛书【第一辑】

侧记篇之守护者

石寿贵◎编

中南大学出版社
www.csupress.com.cn

总　序

刘昌刚

　　苗族是一个古老的民族，也是一个世界性的民族。据 2010 年第六次全国人口普查统计，我国苗族有 940 余万人，主要分布在贵州、湖南、云南、四川、广西、湖北、重庆、海南等省区市；国外苗族约有 300 万人，主要分布于越南、老挝、泰国、缅甸、美国、法国、澳大利亚等国家。

一

　　《苗族通史》导论记载：苗族，自古以来，无论是在文臣武将、史官学子的奏章、军录和史、志、考中，还是在游侠商贾、墨客骚人的纪行、见闻和辞、赋、诗里，都被当成一个神秘的"族群"，或贬或褒。在中国历史的悠悠长河中，苗族似一江春水时涨时落，如梦幻仙境时隐时现，整个苗疆，就像一本无字文书，天机不泄。在苗族人生活的大花园中，有着宛如仙境的武陵山、缙云山、梵净山、织金洞、九九洞以及花果山水帘洞似的黄果树大瀑布等天工杰作；在苗族的民间故事里，有着极古老的蝴蝶妈妈、枫树娘娘、竹简兄弟、花莲姐妹等类似阿凡提的美丽传说；在苗族的族群里，嫡传着槃瓠（即盘瓠）后世、三苗五族、夜郎子民、楚国臣工；在苗族的习尚中，保留着八卦占卜、易经卜算、古傩祭祀、老君法令和至今仍盛行着的苗父医方、道陵巫术、三峰苗拳……在这个盛产文化精英的民族中，走出了蓝玉、沐英、王宪章等声震全国的名将，还诞生了熊希龄、滕代远、沈从文等政治家、文学家、教育家。闻一多在《伏羲考》一文中认为延维或委蛇指伏羲，是南方苗之神。远古时期居住在东南方的人统称为夷，伏羲是古代夷部落的大首领。苗族人民中确实流传着伏羲和女娲的传说,清初陆次云的《峒溪纤志》载:"苗人腊祭日报草。祭用巫,设女娲、伏羲位。"历史学家芮逸夫在《人类学集刊》上发表的《苗族洪水故事与伏羲、女娲的传说》中说:"现代的人类学者经过实地考察,才得到这是苗族传说。据此,苗族全出于伏羲、女娲。他们本为兄妹,遭遇洪水,人烟断绝,仅此二人存。他们在盘古的撮合下,结为夫妇,绵延人类。"闻一多还写过《东皇太一考》,经他考证,苗族里的伏羲就是《九歌》里的东皇太一。

《中国通史》(范文澜著,人民出版社 1981 年版第 1 册第 19 页)载:"黄帝族与炎帝族,又与夷族、黎族、苗族的一部分逐渐融合,形成春秋时期称为华族、汉以后称为汉族的初步基础。"远古时代就居住在中国南方的苗、黎、瑶等族,都有传说和神话,可是很少见于记载。一般说来,南方各族中的神话人物是"槃瓠"。三国时徐整作《三五历纪》吸收"槃瓠"入汉族神话,"槃瓠"衍变成开天辟地的盘古氏。

在历史上,苗族为了实现民族平等,屡战屡败,但又屡败屡战,从不屈服。苗族有着悠久、灿烂的文化,为中华文化的形成和发展做出了巨大贡献,在不同的历史阶段,涌现出了许多可歌可泣的英雄人物。

苗族不愧为中华民族中的一个伟大民族,苗族文化是苗族几千年的历史积淀,其丰厚的文化底蕴成就了今天这部灿烂辉煌的历史巨著。苗族确实是一个灾难深重的民族,却又是一个勤劳、善良、富有开拓性与创造性的伟大民族。苗族还是一个世界性的民族,不断开拓和创造着新的历史文化。

历史上公认的是,九黎之苗时期的五大发明是苗族对中国文化的原创性贡献。盛襄子在其《湖南苗史述略·三苗考》中论述道:"此族(苗族)为中国之古土著民族,曾建国曰三苗。对于中国文化之贡献约有五端:发明农业,奠定中国基础,一也;神道设教,维系中国人心,二也;观察星象,开辟文化园地,三也;制作兵器,汉人用以征伐,四也;订定刑罚,以辅先王礼制,五也。"

苗族历史可以分为五个时期:先民聚落期(原始社会时期)、拓土立国期(九黎时期至公元前 223 年楚国灭亡)、苗疆分理期(公元前 223 年楚国灭亡至 1877 年咸同起义失败)、民主革命期(1872 年咸同起义失败到 1949 年中华人民共和国成立)、民族区域自治期(1949 年中华人民共和国成立至今)。相应地,苗族历史文化大致也可以分为五个时期,且各个时期具有不尽相同的文化特征:第一期以先民聚落期为界,巫山人进化成为现代智人,形成的是原始文化,即高庙文明初期;第二期以九黎、三苗、楚国为标志,属于苗族拓土立国期，形成的是以高庙文明为代表的灿烂辉煌的苗族原典文化；第三期是以苗文化为母本，充分吸收了诸夏文化，特别是儒学思想形成高庙苗族文化；第四期是苗族历史上的民主革命期(1872年咸同起义失败到1949年中华人民共和国成立)，形成了以苗族文化为母本，吸收了电学、光学、化学、哲学等基本内容的东土苗汉文化与西洋文化于一体的近现代苗族文化；第五期是苗族进入民族区域自治期(1949年中华人民共和国成立至今)，此期形成的是以苗族文化为母本，进一步融合传统文化、西方文化、当代中国先进文化的当代苗族文化。

二

苗族是我国一个古老的人口众多的民族，又是一个世界性的民族。她以其悠久的历史和深厚的文化而著称于世，传承着历史文化、民族精神。由田兵主编的《苗族古歌》，马学良、今旦译注的《苗族史诗》，龙炳文整理译注的《苗族古老话》，是苗族古代的编年史和苗族百科全书，也是苗族最主要的哲学文献。

距今7800—5300年的高庙文明所包含的不仅是一个高庙文化遗址，其同类文化遍布亚洲大陆，其中期虽在建筑、文学和科技等方面不及苏美尔文明辉煌，却比苏美尔文明早2300年，初期文明程度更高，后期又不像苏美尔文明那样中断，是世界上唯一一直绵延不断、发展至今，并最终创造出辉煌华夏文明的人类文明。在高庙文化区域的常德安乡县汤家岗遗址出土有蚩尤出生档案记录盘。

苗族人民口耳相传的"苗族古歌"记载了祖先"蝴蝶妈妈"及蚩尤的出生：蝴蝶妈妈是从枫木心中变出来的。蝴蝶妈妈一生下来就要吃鱼，鱼在哪里？鱼在继尾池。继尾古塘里，鱼儿多着呢！草帽般大的瓢虫，仓柱般粗的泥鳅，穿枋般大的鲤鱼。这里的鱼给她吃，她好喜欢。一次和水上的泡沫"游方"(恋爱)怀孕后生下了12个蛋。后经鹤字鸟(有的也写成鸡字鸟)悉心孵养，12年后，生出了雷公、龙、虎、蛇、牛和苗族的祖先姜央(一说是龙、虎、水牛、蛇、蜈蚣、雷和姜央)等12个兄弟。

《山海经·卷十五·大荒南经》中也记载了蚩尤与枫树以及蝴蝶妈妈的不解之缘："有宋山者，有赤蛇，名曰育蛇。有木生山上，名曰枫木。枫木，蚩尤所弃其桎梏，是为枫木。有人方齿虎尾，名曰祖状之尸。"姜央是苗族祖先，蝴蝶自然是苗族始祖了。

澳大利亚人类学家格迪斯说过："世界上有两个苦难深重而又顽强不屈的民族，他们就是中国的苗族和分散在世界各地的犹太民族。"诚如所言，苗族是一个灾难深重而又自强不息的民族。唯其灾难深重，才能在磨砺中锤炼筋骨，迸发出民族自强不屈的魂灵，撰写出民族文化的鸿篇巨制。近年来，随着国家民族政策的逐步完善，对寄寓在民族学大范畴下的民族历史文化研究逐步深入，苗族作为我国少数民族百花园中的重要一支，其悠远、丰厚的历史足迹与文化遗址逐步为世人所知。

　　苗族口耳相传的古歌记载，苗族祖先曾经以树叶为衣、以岩洞或树巢为家、以女性为首领。从当前一些苗族地区的亲属称谓制度中，也可以看出苗族从母权制到父权制、从血缘婚到对偶婚的演变痕迹。诸如此类的种种佐证材料，无不证明着苗族的悠远历史。苗族祖先凭借优越的地理条件，辛勤开拓，先后发明了冶金术和刑罚，他们团结征伐，雄踞东方，强大的部落联盟在史书上被冠以"九黎"之称。苗族历史上闪耀夺目的九黎部落首领是战神蚩尤，他依靠坚兵利甲，纵横南北，威震天下。但是，蚩尤与同时代的炎黄部落逐鹿中原时战败，从此开启了漫长的迁徙逆旅。

　　总体来看，苗族的迁徙经历了从南到北、从北到南、从东到西、从大江大河到小江小河，乃至栖居于深山老林的迁徙轨迹。五千年前，战败的蚩尤部落大部分南渡黄河，聚集江淮，留下先祖渡"浑水河"的传说。这一支经过休养生息的苗族先人汇聚江淮，披荆斩棘，很快就一扫先祖战败的屈辱和阴霾，组建了强大的三苗集团。然而，历史的车轮总是周而复始的，他们最终还是不敌中原部落的左右夹攻，他们中的一部分到达西北并随即南下，进入川、滇、黔边区。三苗主干则被流放崇山，进入鄱阳湖、洞庭湖腹地，秦汉以来不属王化的南蛮主支蔚然成势。夏商春秋战国乃至秦汉以降的历代正史典籍，充斥着云、贵、湘地南蛮不服王化的"斑斑劣迹"。这群发端于蚩尤的苗族后裔，作为中国少数民族的重要代表，深入武陵山脉心脏，抱团行进，男耕女织，互为凭借，势力强大，他们被封建统治阶级称为武陵蛮。据史料记载，东汉以来对武陵蛮的刀兵相加不可胜数，双方各有死伤。自晋至明，苗族在湖北、河南、陕西、云南、江西、湖南、广西、贵州等地辗转往复，与封建统治者进行了长期艰苦卓绝的不屈斗争。清朝及民国，苗族驻扎在云南的一支因战火而大量迁徙至滇西边境和东南亚诸国，进而散发至欧洲、北美、澳大利亚。

　　苗族遂成为一个世界性的民族！

三

苗族同胞在与封建统治者长期的争夺征战中，不断被压缩生存空间，又不断拓展生存空间，从而形成了其民族极为独特的迁徙文化现象。苗族历史上没有文字，却保存有大量的神话传说，他们有感于迁徙繁衍途中的沧桑征程，对天地宇宙产生了原始朴素的哲理认知。每迁徙一地，他们都结合当地实际，丰富、完善本民族文化内涵，从而形成了系列以"蝴蝶""盘瓠""水牛""枫树"为表象的原始图腾文化。苗族虽然没有文字，却有丰富的口传文化，这些口传文化经后人整理，散见于贵州、湖南等地流传的《苗族古歌》《苗族古老话》《苗族史诗》等典籍，它们承载着苗族后人对祖先口耳相传的族源、英雄、历史、文化的再现使命。

苗族迁徙的历程是艰辛、苦难的，迁徙途中的光怪陆离却是迷人的。他们善于从迁徙途中寻求生命意义，又从苦难中构建人伦规范，他们赋予迁徙以非同一般的意义。他们充分利用身体、语言、穿戴、图画、建筑等媒介，表达对天地宇宙的认识、对生命意义的理解、对人伦道德的阐述、对生活艺术的想象。于是，基于迁徙现象而产生的苗族文化便变得异常丰富。苗族将天地宇宙挑绣在服饰上，得出了天圆地方的朴素见解；将历史文化唱进歌声里，延续了民族文化一以贯之的坚韧品性；将跋涉足迹画在了岩壁上，应对苦难能始终奋勇不屈。其丰富的内涵、奇特的形式、隐忍的表达，成为这个民族独特的魅力，成为这个民族极具异禀的审美旨趣。从这个层面扩而大之，苗族的历史文化，便具备了一种神秘文化的潜在魅力与内涵支撑。苗族神秘文化最为典型的表现是巴代文化现象。从隐藏的文化内涵因子分析来看，巴代文化实则是苗族生存发展、生产生活、伦理道德、物质精神等文化现象的活态传承。

苗族丰富的民族传奇经历造就了其深厚的历史文化，但其不羁的民族精神又使得这个民族成为封建统治者征伐打压的对象。甚至可以说，一部封建史，就是一部苗族的压迫屈辱史。封建统治者压迫苗族同胞惯用的手段，一是征战屠杀，二是愚昧民众，历经千年演绎，苗族同胞之于本民族历史、祖先伟大事功，慢慢忽略，甚至抹杀性遗忘。

一个伟大民族的悲哀莫过于此！

四

历经苦难，走向辉煌。中华人民共和国成立后，得益于党的民族政策，苗族与全国其他少数民族一样，依托民族区域自治法，组建了系列具有本民族特色的少数民族自治机构，千百年被压在社会底层的苗族同胞，翻身当家做主人，他们重新直面苗族的历史文化，系统挖掘、整理、提升本民族历史文化，切实找到了民族的历史价值和民族文化自信。贵州和湖南湘西武陵山区一带，自古就是封建统治阶级口中的"武陵蛮"的核心区域。这一块曾经被统治阶级视为不毛之地的蛮荒地区，如今得到了国家的高度重视，中央整合武陵山片区4省市71个县市，实施了武陵山片区扶贫攻坚战略。作为国家区域大扶贫战略中的重要组成部分，武陵山区苗族同胞的脱贫发展牵动着党中央、国务院关注的目光。武陵山区苗族同胞感恩党中央，激发内生动力，与党中央同步共振，掀起了一场轰轰烈烈的脱贫攻坚世纪大战。

苗族是湘西土家族苗族自治州两大主体民族之一，要推进湘西发展，当前基础性的工作就是要完成两大主体民族脱贫攻坚重点工作，自然，苗族承担的历史使命责无旁贷。在这样的语境下，推进湘西发展、推进苗族聚集区同胞脱贫致富，就是要充分用好、用活苗族深厚的历史文化资源，以挖掘、提升民族文化资源品质，提升民族文化自信心；要全面整合苗族民族文化资源精华，去芜存菁，把文化资源转化为现实生产力，服务于我州经济社会的发展。

正是贯彻这样的理念，湘西土家族苗族自治州立足少数民族自治地区的民族资源特色禀赋，提出了生态立州、文化强州的发展理念，围绕生态牌、文化牌打出了"全域旅游示范区建设""国内外知名生态文化公园"系列组合拳，民族文化旅游业蓬勃发展，民族地区脱贫攻坚工作突飞猛进。在具体操作层面，州委、州政府提出了以"土家探源""神秘苗乡"为载体、深入推进我州文化旅游产业发展的口号，重点挖掘和研究红色文化、巫傩文化、苗疆文化、土司文化。基于此，州政协按照服务州委、州政府中心工作和民生热点难点的履职要求，组织相关专家学者，联合相关出版机构，在申报重点课题的基础上，深度挖掘苗族历史文化，按课题整理、出版苗族历史文化丛书。

人类具有社会属性，所以才会对神话故事、掌故、文物和文献进行著录和收传。以民族出版社出版、吴荣臻主编的五卷本《苗族通史》和贵州民族出版社出版的《苗族古歌》系列著作为标志，苗学研究进入了一个新的历史时期。

湘西土家族苗族自治州政协组织牵头的《湘西苗族民间传统文化丛书》是苗疆文化的主要内容和成果。它不但整理译注了浩如烟海的有关苗疆的历史文献，出版了史料文献丛书，还记录整理了苗族人民口传心录的苗族古歌系列、巴代文化系列等珍贵资料，并展示了当代文化研究成果。

党的十八大以来，以习近平同志为核心的党中央，以"一带一路"倡议为抓手，不断推进人类命运共同体建设，以实现中华民族伟大复兴的中国梦为目标，不断推进理论自信、道路自信、制度自信和文化自信。没有包括苗族文化在内的各个少数民族文化的复兴，也不会有完全的中华民族伟大复兴。

因此，从苗族历史文化中探寻苗族原典文化，发现新智慧、拓展新路径，从而提升民族文化自信力，服务湘西生态文化公园建设，推进精准扶贫、精准脱贫，实现乡村振兴，进而实现湘西现代化建设目标，善莫大焉！

此为序！

2018 年 9 月 5 日

专家序一

掀起湘西苗族巴代文化的神秘面纱

汤建军

　　2017 年 9 月 7 日，根据中共湖南省委安排，我在中共湘西州委做了题为"砥砺奋进的五年"的形势报告。会后，在湘西州社科联谭必四主席的陪同下，考察了一直想去的花垣县双龙镇十八洞村。出于对民族文化的好奇，考察完十八洞村后，我根据中共湖南省委网信办在花垣县挂职锻炼的范东华同志的热诚推荐，专程拜访了苗族巴代文化奇人石寿贵老先生，参观其私家苗族巴代文化陈列基地。石寿贵先生何许人也？花垣县双龙镇洞冲村人。他是本家祖传苗师"巴代雄"第 32 代掌坛师、客师"巴代扎"第 11 代掌坛师、民间正一道第 18 代掌坛师。石老先生还是湘西州第一批命名的"非物质文化遗产（以下简称'非遗'）保护"名录"苗老司"代表性传承人、湖南省第四批"非遗"名录"苗族巴代"代表性传承人、吉首大学客座教授、中国民俗学会蚩尤文化研究基地蚩尤文化研究会副会长、巴代文化学会会长。他长期从事巴代文化、道坛丧葬文化、民间习俗礼仪文化等苗族文化的挖掘搜集、整编译注及研究传承工作。一直以来，他和家人，动用全家之财力、物力和人力，经过近 50 年的全身心投入，在本家积累 32 代祖传资料的基础上，又走访了贵州、四川、湖北、湖南、重庆等周边 20 多个县市有名望的巴代坛班，通过本家厚实的资料库加上广泛搜集得来的资料，目前已整编译注出 7 大类 76 本

2500 多万字及 4000 余幅仪式彩图的《巴代文化系列丛书》，且准备编入《湘西苗族民间传统文化丛书》进行出版。这 7 大类 76 本具体包括：第一类，基础篇 10 本；第二类，苗师科仪 20 本；第三类，客师科仪 10 本；第四类，道师科仪 5 本；第五类，侧记篇 4 本；第六类，苗族古歌 14 本；第七类，历代手抄本扫描 13 本。除了书稿资料以外，石寿贵先生还建立起了 8000 多分钟的仪式影像、238 件套的巴代实物、1000 多分钟的仪式音乐、此前他人出版的有关苗族巴代民俗的藏书 200 余册以及包括一整套待出版的《湘西苗族民间传统文化丛书》在内的资料档案。此前，他还主笔出版了《苗族道场科仪汇编》《苗师通书诠释》《湘西苗族古老歌话》《湘西苗族巴代古歌》四本著作。其巴代文化研究基地已建立起巴代文化的三大仪式、两大体系、八大板块、三十七种类苗族文化数据库，成为全国乃至海内外苗族巴代文化资料最齐全系统、最翔实厚重、最丰富权威的亮点单位。"苗族巴代"在 2016 年 6 月入选第四批湖南省"非遗"保护名录。2018 年 6 月，石寿贵老先生获批为湖南省第四批非物质文化遗产保护项目"苗族巴代"代表性传承人。

走进石寿贵先生的巴代文化挖掘搜集、整编译注、研究及陈列基地，这是一栋两层楼的陈列馆，没有住人，全部都是用来作为巴代文化资料整编译注和陈列的。一楼有整编译注工作室和仪式影像投影室等，中堂为有关图片及字画陈列，文化气息扑面而来。二楼分别为巴代实物资料、文字资料陈列室和仪式腔调录音室及仪式影像资料制作室等，其中 32 个书柜全都装满了巴代书稿和实物，真可谓书山文海、千册万卷、博大精深、琳琅满目。

石老先生所收藏和陈列的巴代文化各种资料、物件和他本人的研究成果极大地震撼了我们一行人。我初步翻阅了石老先生提供的《湘西苗族巴代揭秘》一书初稿，感觉这些著述在中外学术界实属前所未闻、史无前例、绝无仅有。作者运用独特的理论体系资料、文字体系资料以及仪式符号体系资料等，全面揭露了湘西苗族巴代的奥秘，此书必将为研究苗族文化、苗族巴代文化学、中国民族学、民俗学、民族宗教学以及苗族地区摄影专家、民族文化爱好者提供线索、搭建平台与铺设道路。我当即与湘西州社科联谭必四主席商量，建议他协助和支持石老先生将《湘西苗族巴代揭秘》一书申报湖南省社科普及著作出版资助。经过专家的严格评选，该书终于获得了出版资助，在湖南教育出版社得到出版。因为这是一本在总体上全面客观、科学翔实、通俗形象地介绍苗族巴代及其文化的书，我相信此书一定会成为广大读者喜闻喜阅、喜欣喜爱的书，一定能给苗族历代祖先以慰藉，一定能更好地传播苗民族文化精华，一定能深入弘扬中华民族优秀传统文化。

2017 年 12 月 6 日，我应邀在中南大学出版社宣讲党的十九大精神时，我结合如何策划选题，重点推介了石寿贵先生的苗族巴代文化系列研究成果，希望中南大学出版社在前期积累的基础上，放大市场眼光，挖掘具有民族特色的文化遗产，积极扶持石老先生巴代文化成果的出版。这个建议得到了吴湘华社长及其专业策划团队的高度重视。2018 年 1 月 30 日，国家出版基金资助项目公示，由中南大学出版社挖掘和策划的石寿贵编著的《巴代文化系列丛书》中的 10 本作为第一批《湘西苗族民间传统文化丛书》入选。该《丛书》以苗族巴代原生态的仪式脚本(包括仪式结构、仪式程序、仪式形态、仪式内容、仪式音乐、仪式气氛、仪式因果等)记录为主要内容，原原本本地记录了苗师科仪、客师科仪、道师绕棺戏科仪以及苗族古歌、巴代历代手抄本扫描等脚本资料，建立起了科仪的文字记录、图片静态记录、影像动态记录、历代手抄本文献记录、道具法器实物记录等资料数据库，是目前湘西苗族地区种类较为齐全、内容翔实、实物彩图丰富生动的原生态民间传统资料，充分体现了苗族博大精深、源远流长的文化内涵和艺术价值，对今后全方位、多视角、深层次研究苗族历史文化有着极其重要的价值和深远的意义。

从《湘西苗族民间传统文化丛书》中所介绍的内容来看，可以说，到目前为止，这套《丛书》是有关领域中内容最系统翔实、最丰富完整、最难能可贵的资料了。此套书籍如此广泛深入、全面系统、尽数囊括、笼统纳入，实为古今中外之罕见，堪称绝无仅有、弥足珍贵，也是有史以来对苗族巴代文化的全面归纳和科学总结。我想，这既是石老先生和他的祖上及其家眷以及政界、学界、社会各界对苗族文化的热爱、执着、拼搏、奋斗、支持、帮助的结果，也体现出了石寿贵老先生对苗族文化所做出的巨大贡献。这套丛书将成为苗族传统文化保护传承、研究弘扬的新起点和里程碑。用学术化的语言来说，这 300 余种巴代科仪就是巴代历代以来所主持苗族的祭祀仪式、习俗仪式以及各种社会活动仪式的具体内容。但仪式所表露出来的仅仅只是表面形式而已，更重要的是包含在仪式里面的文化因子与精神特质。关于这一点，石寿贵老先生在《丛书》中也剖析得相当清晰，他认为巴代文化的形成是苗族文化因子的作用所致。他认为：世界上所有的民族和教派都有不同于其他民族的文化因子，比如佛家的因果轮回、慈善涅槃、佛国净土，道家的五行生克、长生久视、清静无为，儒家的忠孝仁义、三纲五常、齐家治国，以及纳西族的"东巴"、羌族的"释比"、东北民族的"萨满"、土家族的"梯玛"等，无不都是严格区别于其他民族或教派的独特文化因子。由某个民族文化因子所产生出来的文化信念，在内形成了该民族的观念、性格、素质、气节和精神，在外则形成了该民族的风格、习俗、形象、身份和标志。通过内外因素的共同作用，形成支撑该民族生生不息、发展壮大、繁荣富强的不竭动力。苗族巴代文化的核心理念是人类的"自我不灭"真性，在这一文化因子的影响下，形成了"自我崇拜"或"崇拜自我、维护自我、服务自我"的人类生存哲学体系。这种理论和实践体现在苗师"巴代雄"祭祀仪式的方方面面，比如上供时所说的"我吃你吃，我喝你喝"。说过之后，还得将供品一滴不漏地吃进口中，意思为我吃就是我的祖先吃，我喝就是我的祖先喝，我就是我的祖先，我的祖先就是我，祖先虽亡，但他的血液却在我的身上流淌，他的基因附在我的身上，祖先的化身就是当下的我，并且一直延续到永远，这种自我真性没有被泯灭掉。同时，苗师"巴代雄"所祭祀的对象既不是木偶，也不是神像，更不是牌位，而是活人，是舅爷或德高望重的活人。这种祭祀不同于汉文化中的灵魂崇拜、鬼神崇拜或自然崇拜，而是实实在在的、活生生的自我崇拜。这就是巴代传承古代苗族主流文化（因子）的内在实质和具体内容。无怪乎如来佛祖降生时一手指天，一手指地，所说的第一句话就是："天上地下，唯我独尊。"佛祖所说的这个"我"，指的绝非本人，而是宇宙间、世界上的真性自我。

石老先生认为，从生物学的角度来说，世界上一切有生命的动植物的活动都是维护自我生存的活动，维护自我毋庸置疑。从人类学的角度来说，人类的真性自我不生不灭，世间人类自身的一切活动都是围绕有利于自我生存和发展这个主旨来开展的，背离了这个主旨的一切活动都是没有任何价值和意义的活动。从社会科学的角度来说，人类社会所有的科普项目、科学文化，都是从有利于人类自我生存和发展这个主题来展开的，如果离开了这条主线，科普也就没有了任何价值和意义。从人类生存哲学的角度来说，其主要的逻辑范畴，也是紧紧地把握人类这个大的自我群体的生存和发展目标去立论拓展的，自我生存成为最大的逻辑范畴；从民族学的角度来说，每个要维护自己生生不息、发展壮大的民族，都要有自己强势优越、高超独特、先进优秀的文化来作支撑，而要得到这种文化支撑的主体便是这个民族大的自我。

石老先生还说，从维护小的生命、个体的小自我到维护大的人类、群体的大自我，是生物世界始终都绕不开的总话题。因而，自我不灭、自我崇拜或崇拜自我、服务自我、维护自我，在历史上早就成为巴代文化的核心理念。正是苗师"巴代雄"所奉行的这个"自我不灭论"宗旨教义，所行持的"自我崇拜"的教条教法，涵盖了极具广泛意义的人类学、民族学以及哲学文化领域中的人类求生存发展、求幸福美好的理想追求。也正是这种自我真性崇拜的文化因子，才形成了我们的民族文化自信，锻造了民族的灵魂素质，成就了民族的精神气节，才能坚定民族自生自存、自立自强的信念意识，产生出民族生生不息、发展壮大的永生力量。这就充分说明，苗族的巴代文化，既不是信鬼信神的巫鬼文化，也不是重巫尚鬼的巫傩文化，而是从基因实质的文化信念到灵魂素质、意识气魄的锻造殿堂，是彻头彻尾的精神文化，这就是巴代文化和巫鬼文化、巫傩文化的本质区别所在。

乡土的草根文化是民族传统文化体系的基因库，只要正向、确切、适宜地打开这个基因库，我们就能找到民族的根和魂，感触到民族文化的神和命。巴代作为古代苗族主流文化的传承者，作为一个族群社会民众的集体意识，作为支撑古代苗族生存发展、生生不息的强大的精神支柱和崇高的文化图腾，作为苗族发展史、文明史曾经的符号，作为中华民族文化大一统中的亮丽一簇，很少被较为全面系统、正向正位地披露过。

巴代是古代苗族祭祀仪式、习俗仪式、各种社会活动仪式这三大仪式的主持者，更是苗族主流文化的传承者。因为苗族在历史上频繁迁徙、没有文字、不属王化、封闭保守等因素，再加上历史条件的限制与束缚，为了民族的生存和发展，苗族先人机灵地以巴代所主持的三大仪式为本民族的显性文化表象，来传承苗族文化的原生基因、本根元素、全准信息等这些只可意会、不可言传的隐性文化实质。又因这三大仪式的主持者叫巴代，故其所传承、主导、影响的苗族主流文化又被称为巴代文化，巴代也就自然而然地成为聚集古代苗族的哲学家、法学家、思想家、社会活动家、心理学家、医学家、史学家、语言学家、文学家、理论家、艺术家、易学家、曲艺家、音乐家、舞蹈家、农业学家等诸大家之精华于一身的上层文化人，自古以来就一直受到苗族人民的信任、崇敬和尊重。

巴代文化简单说来就是三大仪式、两大体系、八大板块和三十七种文化。其包括了苗族生存发展、生产生活、伦理道德、物质精神等从里到表、方方面面、各个领域的文化。巴代文化必定成为有效地记录与传承苗族文化的大乘载体、百科全书以及活态化石，必定成为带领苗族人民从远古一直走到近代的精神支柱和家园，必定成为苗族文化的根、魂、神、质、形、命的基因实质，必定成为具有苗族代表性的文化符号与文化品牌；必定成为苗族优秀的传统文化、神秘湘西的基本要素。

石老先生委托我为他的丛书写篇序言，因为我的专业不是民族学研究，不能从专业角度给予中肯评价，为读者做好向导，所以我很为难，但又不好拒绝石老先生。工作之余，我花了很多时间认真学习他的相关著述，总感觉高手在民间，这些文字是历代苗族文化精华之沉淀，文字之中透着苗族人的独特智慧，浸润着石老先生及历代巴代们的心血智慧，更体现出了石老先生及其家人一生为传承苗族文化所承载的常人难以想象的、难以忍受的艰辛、曲折、困苦、执着和担当。

这次参观虽然不到两个小时，却发现了苗族巴代文化的正宗传人。遇见石老先生，我感觉自己十分幸运，亦深感自己有责任、有义务为湘西苗族巴代文化及其传人积极推荐，努力让深藏民间的优秀民族文化遗产能够公开出版。石老先生的心愿已了，感恩与我们一样有这种情结的评审专家和出版单位对《湘西苗族民间传统文化丛书》的厚爱和支持。我相信，大家努力促成这些书籍公开出版，必将揭开湘西苗族巴代文化的神秘面纱，必将开启苗族巴代文化保护传承、研究弘扬、推介宣传的热潮，也必将引发湘西苗族巴代文化旅游的高潮。

略表数言，抛砖引玉，是为序。

（作者系湖南省社会科学界联合会党组成员、副主席，湖南省省情研究会会长、研究员）

专家序二

罗康隆

我来湘西 20 年，不论是在学校，还是在村落，听到当地苗语最多的就是"巴代"（分"巴代雄"与"巴代扎"）。起初，我也不懂巴代的系统内涵，只知道巴代是湘西苗族的"祭师"，但经过 20 年来循序渐进的认识与理解，我深知，湘西苗族的"巴代"，并非用"祭师"一词就可以简单替代。

说实在的，我是通过《湘西苗族调查报告》和《湘西苗族实地调查报告》这两本书来了解湘西的巴代文化的。1933 年 5 月，国立中央研究院的凌纯声、芮逸夫来湘西苗区调查，三个月后凌纯声、芮逸夫离开湘西，形成了《湘西苗族调查报告》（2003 年 12 月由民族出版社出版）。该书聚焦于对湘西苗族文化的展示，通过实地摄影、图画素描、民间文物搜集，甚至影片拍摄，加上文字资料的说明等，再现了当时湘西苗族社会文化的真实图景，其中包含了不少关于湘西苗族巴代的资料。

当时，湘西乾州人石启贵担任该调查组的顾问，协助凌纯声、芮逸夫在苗区展开调查。凌纯声、芮逸夫离开湘西时邀请石启贵代为继续调查，并请国立中央研究院聘石启贵为湘西苗族补充调查员，从此，石启贵正式走上了苗族研究工作的道路。经过多年的走访调查，石启贵于 1940 年完成了《湘西苗族实地调查报告》（2008 年由湖南人民出版社出版）。在该书第十章"宗教信仰"中，他用了 11 节篇幅来介绍湘西苗族的民间信仰。2009 年由中央民族大学"985 工程"中国少数民族非物质文化研究与保护中心与台湾"中央研究院"历史语言研究所联合整理，在民族出版社出版了《民国时期湘南苗族调查实录（1~8 卷）（套装全 10 册）》，包括民国习俗卷、椎猪卷、文学卷、接龙卷、祭日月神卷、祭祀神辞汉译卷、还傩愿卷、椎牛卷（上）、椎牛卷（中）、椎牛卷（下）。由是，人们对湘西苗族"巴代"有了更加系统的了解。

我作为苗族的一员，虽然不说苗语了，但对苗族文化仍然充满着热情与期待。在我主持学校民族学学科建设之初，就将苗族文化列为重点调查与研究领域，利用课余时间行走在湘西的腊尔山区苗族地区，对苗族文化展开调查，主编了《五溪文化研究》丛书和《文化与田野》人类学图文系列丛书。在此期间结识了不少巴代，其中就有花垣县董马库的石寿贵。此后，我几次到石寿贵家中拜访，得知他不仅从事巴代活动，而且还长期整理湘西苗族的巴代资料，对湘西苗族巴代有着系统的了解和较深的理解。

我被石寿贵收集巴代资料的精神所感动，决定在民族学学科建设中与他建立学术合作关系，首先给他配备了一台台式电脑和一台摄像机，可以用来改变以往纯手写的不便，更可以将巴代的活动以图片与影视的方式记录下来。此后，我也多次邀请他到吉首大学进行学术交流。在台湾"中央研究院"康豹教授主持的"深耕计划"中，石寿贵更是积极主动，多次对他所理解的"巴代"进行阐释。他认为湘西苗族的巴代是一种文化，巴代是古代苗族祭祀仪式、习俗仪式、各种社会活动仪式这三大仪式的主持者，是苗族文化的传承载体之一，是湘西苗族"百科全书"的构造者。

巴代文化成为苗族文化的根、魂、神、质、形、命的基因实质。这部《湘西苗族民间传统文化丛书》含 7 大类 76 本 2500 多万字及 4000 余幅仪式彩图，还有 8000 多分钟仪式影像、238 件套巴代实物、1000 多分钟仪式音乐等，形成了巴代文化资料数据库。这些资料弥足珍贵，以苗族巴代仪式结构、仪式程序、仪式形态、仪式内容、仪式音乐、仪式气氛、仪式因果为主要内容进行记录。这是作者在本家 32 代祖传所积累丰厚资料的基础上，通过近 50 年对贵州、四川、湖南、湖北、重庆等省市周边有名望的巴代坛班走访交流，行程达 10 万多公里，耗资 40 余万元，竭尽全家之精力、人力、财力、物力，对巴代文化资料进行挖掘、搜集与整理所形成的资料汇编。

这些资料的样本存于吉首大学历史与文化学院民间文献室，我安排人员对这批资料进行了扫描，准备在 2015 年整理出版，并召开过几次有关出版事宜的会议，但由于种种原因未能出版。今天，它将由中南大学出版社申请到的国家出版基金资助出版，也算是了结了我多年来的一个心愿，这是苗族文化史上的一件大好事。这将促进苗族传统文化的保护，极大地促进民族精神的传承和发扬，有助于加强、保护与弘扬传统文化，对落实党和国家加强文化大发展战略有着特殊的使命与价值。

（作者为吉首大学历史文化学院院长、湖南省苗学学会第四届会长）

概　述

　　《湘西苗族民间传统文化丛书》以苗族巴代原生态的仪式脚本(包括仪式结构、仪式程序、仪式形态、仪式内容、仪式音乐、仪式气氛、仪式因果等)记录为主要内容,原原本本地记录了苗师科仪、客师科仪、道师绕棺戏科仪以及苗族古歌、巴代历代手抄本扫描等脚本资料,建立起了科仪文字记录、图片静态记录、影像动态记录、历代手抄本文献记录、道具法器实物记录等资料数据库,为抢救、保护、传承、研究这些濒临灭绝的苗族传统文化打牢了基础,搭建了平台,提供了必需的条件。

　　巴代是古代苗族祭祀仪式、习俗仪式、各种社会活动仪式这三大仪式的主持者,也是苗族主流文化的传承载体之一。古代苗族在涿鹿之战后因为频繁迁徙、分散各地、没有文字、不属王化、封闭保守等因素,形成了具有显性文化表象和隐性文化实质这二元文化的特殊架构。基于历史条件的限制与束缚,为了民族的生存和发展,苗族先人机灵地以巴代所主持的三大仪式为本民族的显性文化表象,来传承苗族文化的原生基因、本根元素、全准信息等这些只可意会、不可言传的隐性文化实质。因为三大仪式的主持者叫巴代,故其所传承、主导、影响的苗族主流文化又被称为巴代文化,巴代也就自然而然地成为聚集古代苗族的哲学家、史学家、宗教家等诸大家之精华于一身的上层文化人,自古以来就一直受到苗族人民的信任、崇敬和尊重。

　　巴代文化简单说来就是三大仪式、两大体系、八大板块和三十七种文化。其包括了苗族生存发展、生产生活、伦理道德、物质精神等从里到表、方方面面各个领域的文化。巴代文化必定成为有效地记录与传承苗族文化的大乘载体、百科全书以及活态化石，必定成为带领苗族人民从远古一直走到近代的精神支柱和家园，必定成为苗族文化的根、魂、神、质、形、命的基因实质；必定成为具有苗族代表性的文化符号与文化品牌，必定成为苗族优秀的传统文化之一、神秘湘西的基本要素。

苗族的巴代文化与纳西族的东巴文化、羌族的释比文化、东北民族的萨满文化、汉族的儒家文化、藏族的甘朱尔等一样，是中华文明五千年的文化成分和民族文化大花园中的亮丽一簇，是苗族文化的本源井和柱标石。巴代文化的定位是苗族文化的全面归纳、科学总结与文明升华。

近代以来，由于种种原因，巴代文化濒临灭绝。为了抢救这种苗族传统文化，笔者在本家32代祖传所积累丰厚资料的基础上，又通过近50年以来对贵州、四川、湖南、湖北、重庆等省市周边有名望的巴代坛班走访交流，行程10多万公里，耗资40余万元，竭尽全家之精力、人力、财力、物力，全身心投入巴代文化资料的挖掘、搜集、整编译注、保护传承工作中，到目前已形成了7大类76本2500多万字及4000余幅仪式彩图的《湘西苗族民间传统文化丛书》(以下简称《丛书》)有待出版，建立起了《丛书》以及8000多分钟的仪式影像、238件套的巴代实物、1000多分钟的仪式音乐等巴代文化资料数据库。该《丛书》已成为当今海内外唯一的苗族巴代文化资源库。

7大类76本2500多万字及4000余幅仪式彩图的《丛书》在学术界也称得上是鸿篇巨制了。为了使读者能够在大体上了解这套《丛书》的基本内容，在此以概述的形式来逐集进行简介是很有必要的。

这套洋洋大观的《丛书》，是一个严谨而完整的不可分割的体系，按内容属性可分为7大类型，具体如下：

第一类：基础篇，共10本。分别是：《许愿标志》《手诀》《神符》《巴代法水》《巴代道具法器》《文疏表章》《纸扎纸剪》《巴代音乐》《巴代查病书》《湘西苗族民间传统文化丛书通读本》。

第二类：苗师科仪，共20本。分别是：《接龙》(第一、二册)，《汉译苗师通鉴》(第一、二、三册)，《苗师通鉴》(第一、二、三、四、五、六、七、八册)，《苗师"不青"敬日月车祖神科仪》(第一、二、三册)，《敬家祖》，《敬雷神》，《吃猪》，《土昂找新亡》。

第三类：客师科仪，共10本。分别是：《客师科仪》(第一、二、三、四、

五、六、七、八、九、十册）。

第四类：道师科仪，共 5 本。分别是：《道师科仪》（第一、二、三、四、五册）。

第五类：侧记篇，共 4 本。分别是：《侧记篇之守护者》《巴代仪式图片汇编》《预测速算》《傩面具图片汇编》。

第六类：苗族古歌，共 14 本。分别是：《古杂歌》，《古礼歌》，《古阴歌》，《古灰歌》，《古仪歌》，《古玩歌》，《古堂歌》，《古红歌》，《古蓝歌》，《古白歌》，《古人歌》（第一、二册），《汉译苗族古歌》（第一、二册）。

第七类：历代手抄本扫描，共 13 本。

本套《丛书》的出版将为抢救、保护、传承、研究这些濒临灭绝的苗族传统文化打牢基础、搭建平台和提供必需的条件；为研究苗族文化，特别是研究苗族巴代文化学、民族学、民俗学、民族宗教学等，以及这些学科的完善和建设做出贡献；为研究、关注苗族文化的专家学者以及来苗族地区的摄影者提供线索与方便。《丛书》的出版，将有力地填补苗族巴代文化学领域里的空缺和促进苗族传统文明、文化体系的完整，使苗族巴代文化成为中华民族文化大花园中的亮丽一簇。

石寿贵
2019 年秋于中国苗族巴代文化研究中心

前　言

　　《侧记篇之守护者》是根据2012年湘西州广播电视台栏目组拍摄的时长13分20秒的《一个巴代的坚守》专题报道而定名的，此报道还荣获了2012年湖南省电视节目二等奖。本书以书刊记载、有关报道、诗词赞美、石寿贵巴代文化研究基地简介、相关图片为内容，记录石寿贵收集整理苗族巴代文化的事迹。

　　石寿贵为什么要守护苗族的巴代文化呢？巴代文化的作用、价值和意义又是什么呢？

　　湘西苗族所谓的巴代，贵州苗族称为香将，沅陵地区称为刀沙、闹沙、巴代，是对湘西古代苗族的祭祀仪式、习俗仪式以及其他各种社会活动仪式的主持者的称谓。因为苗族战败迁徙、没有文字、不通王化等因素，使得巴代既是这三大仪式的主持者，又是古代苗族主流文化的传承者。基于特殊历史环境与条件的束缚，为了民族的生存和发展，苗族先民以三大仪式为苗族的显性文化表象、载体来传承苗族文化的本根元素、全准信息、内在文明等只可意会、不可言传的隐性文化，从而促使巴代成为传承苗族主流文化的使者。由于特殊的历史背景与生存环境，不少前人对苗族历史与文化形成了一些误解和成见，把苗族定格为"崇巫尚鬼"的民族，把苗族文化定格为"巫鬼文化"，把三大仪式的主持者巴代定格为"巫师""鬼师"，把苗族社会宗教定格为"巫教""鬼教"等，这些都是长期存在的成见。几千年以来，一直如此，根深蒂固。这种成见后来成为歧视苗族"野蛮、愚昧、落后"的根源之一。这与当代某部讲述湘西剿匪的电视剧里所说的"湘西无处不山，无山不洞，无洞不匪"一样，会使不少人对湘西人民产生有意无意的歧视。

过去，人们只看到仪式的文化表象，而对于仪式内在的文化实质，却从来没有深究过，特别是对于苗师"巴代雄"的探讨。这缘于历朝历代的专家学者们根本就听不懂苗语，更何况苗师"巴代雄"的神辞中还有许多古苗语。这些古苗语连现代人特别是50后的苗族人都难以听懂，更何况是连现代苗语都听不懂的专家学者呢？不了解语言当然就不明其意，不明其意，又怎么去研讨呢？在"崇巫尚鬼、巫鬼文化、做鬼做神、迷信活动"等历史上的误解、成见和定论的层层封锁、包围之下，苗族唯一的传承根性文化的载体——三大仪式，除了被认为是巫鬼、迷信、愚昧、野蛮的做法外，还能是些什么呢？

人类在蒙昧时期，观察到了风起树动、打雷下雨等现象，认为万物都有神灵支配，于是便产生了"万物有灵"的概念思维，从而形成了崇拜神灵的巫鬼文化。巫鬼文化是人类早期自发形成的一种文化，全人类也就自然而然地成为巫鬼文化的信仰者，信仰内容与整个社会意识形态浑然一体，有巨大的社会整合功效，承担着当时社会的全部广义文化功能，巫鬼文化遂成为原始社会的精神主宰。这种文化是人类蒙昧时期的产物，非蚩尤所独创，更非苗族所独有。

我们都知道，人类的发展大体经历了从蒙昧到野蛮再到文明几个阶段。蒙昧时期的文化是巫鬼文化，到后来才逐步进化到野蛮时期，形成了有上下内外的等级与区分的巫傩文化，之后进入文明时期。在文明时期，人们仍将苗族文化简单地定格为巫鬼文化或者巫傩文化，认为苗族仍然停留在蒙昧、野蛮、落后的时代，苗族仍然是个野蛮、落后、愚昧的民族。

对于巫鬼的释义，有人曾列举了九种文化工具书，除了在《说文解字》卷六之《巫部》3018页有"巫，祝也。女能事无形，以舞降神者也，象人两袖舞形，与工同意"之直白解释之外，在其余的八种工具书如《新华字典》《学生字典》《中华字典》等书中皆释为："巫，装神弄鬼替别人祈祷求神以骗取他人财物的人、巫师。"这近九成工具书的释义皆为装神弄鬼骗取财物，请问这种力度还够不够大？近些年来，有人曾试图美化巫鬼，甚至还说巫教是蚩尤独创的，巫为古代的吏官，巫是好的，等等。对此，人们不禁产生疑问：其一，究竟以古代人的说法为准还是以现代人的说法为准？如果以古代的为准，那么近代工具书则错了；如果以现代的为准，那么古代的书籍就错了。其二，人类生活要从现代回到古代还是由古代走到现代？这"巫"字的定义是说给古代人听的还是说给现代人听的？其三，试图美化巫鬼的人必须要有两个前提：①有没有权力修改近代所有的工具书？②有没有能力修改近代所有的工具书？如果这两者都没有具备，那就只能保留个人意见，有了"学术争论可以不必脸红"的幌子作掩护，是很在理的。其四，巫的核心定义为"能面神见鬼，能与鬼神直接对话"，而巴代既不能面神见鬼，又不能与鬼神直接对话，他们所做的事仅仅是主持仪式，而不像民间的仙娘、走阴者、照水碗等那样，蒙上盖头便可讲出连篇的鬼话。巴代的艺道是口传心授、一句一句学来的，既不是神授，也不是公举，更不是巫术，这些产生巫师的原则没有一条符合巴代，那他们是巫师吗？巴代是苗族特有的原始名词，是苗族文化的传承者。有的人将其单一地称为祭师、法师、老司，甚至是巫师和鬼师，这些都是极不科学也极不全面的，因为在汉语词汇中没有任何一个词能概括它的全部内涵，根据名词不能翻译的惯例与原则，巴代只能被称为"巴代"。

在人们以往的观念中，巴代是专门做鬼做神的，殊不知在苗族特殊的历史背景下所形成的"显性文化表象"与"隐性文化实质"这二元文化结构，是不同于其他民族的独特文化。这种祭祀活动首先应该是一种宗教活动。然而这还不是广义的。基于苗族是一个在远古的部落纷争中战败了的、经过多次迁徙、没有文字、不通王化等几大特点，巴代便自然而然地成了集苗族诸大家之精华于一身的人。基于历史条件的限制与束缚，为了民族的生存和发展，苗族先人以巴代所主持的三大仪式为本民族的显性文化表象，来传承苗族文化的原生基因、本根元素等这些只可意会、不可言传的隐性文化实质。因为这三大仪式的主持者叫巴代，故其所传承、主导、影响的苗族主流文化又被称为巴代文化。

巴代文化以三大仪式为主要文化特质和传承方式，对于没有形成自己民族文字的苗族来说，巴代仪式便自然而然地成为有效地记录与传承苗族文化的大乘载体、百科全书以及活化石，成为带领苗族人民从远古一直走到现代的精神支柱和灵魂家园，成为苗族文化的根、魂、神、质、形、命的基因实质，成为具有苗族代表性的文化符号与品牌，成为神秘湘西、神秘文化的基本要素。苗族的巴代文化是中华民族文化大花园中的靓丽一簇，是中华文明五千年以来苗族文化的本源井和柱标石。巴代文化是对苗族文化的全面归纳、科学总结与文明升华。

石寿贵是怎样挖掘搜集、整编译注、研究保护、传承弘扬苗族巴代文化而成为巴代文化守护者的呢？

在苗族巴代文化事业贡献方面，石寿贵在其一生中创建了以下几个史无前例的第一：第一个将苗师"巴代雄"的仪式《抱己嘎》等搬上国家戏剧舞台并获得国家级三等奖的人；第一个提出"巴代文化"名词并先后发表了50余篇有关论文的人；第一个提出苗族文化不是巫鬼文化，苗族不是崇巫尚鬼的民族，巴代不是巫师，更不是鬼师的人；第一个指出巴代就是巴代，是古代苗族文化的传人，是使苗族文化跳出巫鬼的封锁线，跳出野蛮、愚昧、落后的包围圈的人；第一个揭示苗族的三大仪式为传承苗族文化的大乘载体、百科全书以及活化石的人；第一个自己建立起了苗族巴代文化研究基地，建立起了空前规模的资料体系和理论体系。

巴代在以往都是被称为祭师、巫师、老司甚至是鬼师的，至于巴代文化的提出，则是2006年11月在由湘西州宣传部和统战部组织在凤凰召开的"建设文化湘西暨湘西文化名人研讨会"上，石寿贵在其所发表的《苗族的巴代文化》中作为论文题目首次提出的，当即受到了与会的专家学者特别是画坛巨匠黄永玉先生的高度赞扬，受到了与会人员的一致认同和肯定。

由于石寿贵先生一生的投入和努力，他在其家传承32代巴代文化资料雄厚的基础上，又先后走访了贵州、重庆等5个省市周边20多个县市乡村内的有名望的巴代坛班，耗资40余万元，已整编译注《湘西苗族民间传统文化丛书》。石寿贵此前已发表有关论文50余篇，出版著作6本，其巴代文化研究基地已建立起巴代文化2500万字文稿、4000余幅仪式彩图、8000多分钟仪式影像、1000多分钟仪式音乐等的巴代文化数据库，是有史以来首次提出"巴代文化"名词并建立起系统翔实有关资料的第一人。《神奇的花垣》《湘西当代民族文化传人录》《中国民族》等曾先后登载其事迹；各种报纸如《团结报》《湖南日报》等对其做过多次专题报道；台湾"中央研究院"、台湾中正大学、美国犹他大学、美国得克萨斯大学、香港大学、中央民族大学、四川大学、西南大学、中南大学、中山大学、吉首大学、湖南师范大学以及文化部等的专家学者，湖南省政协、湖南省文联、湖南省委党校、湖南省文化厅、湘西州人大、湘西州政协、湘西州文广新局、花垣县有关单位领导，报社、德国电视一台、央视 7 频道、湖南卫视等多次前往其研究基地考察、调研、报道，与石寿贵进行学术交流，对其进行采访。每次交流，来访者都在留言簿上留言，以表达内心的感受。本书选出具有代表性的一部分内容，以表明社会各界及业内人士对苗族巴代文化博大精深的赞叹和对其研究基地这些年来工作的客观认识和高度评价。

目　录

第一章 书刊记载

第一篇 苗族巴代大师石寿贵

载于《苗河》2010 年第 1 期（创刊号）第 48 页

石寿贵，1951 年 3 月 9 日生，男，苗族，湖南省花垣县双龙镇董马库乡大洞冲村人。为本家祖传苗师"巴代雄"第 32 代掌坛师；客师"巴代扎"第 11 代掌坛师；民间正一道第 18 代掌坛师；湘西文化研究会第一届理事；湘西州曲艺家协会会员；湘西州人民政府第一批命名民族民间文化遗产传承人；花垣县第七届政协委员、吉首大学客座教授。长期从事苗族巴代文化、道坛丧葬文化、民间习俗礼仪文化等民族文化的挖掘、整理、研究及传承工作。传授巴代坛班 37 坛，亲传弟子 58 人，坛班所属艺人 128 人。2004 年 10 月，应中国文联、国家民委、中国曲艺家协会的邀请，石寿贵代表湖南省在南宁市参加第二届全国少数民族曲艺展演，表演了苗师"巴代雄"祭仪中的《抱己嘎》祭祀精选片段，荣获国家级三等奖，开创了苗族曲艺登上中国剧坛的先例。2006 年 10 月，他以湘西文化名人的身份参加了州宣传部、统战部在凤凰召开的建设文化湘西暨湘西文化名人研讨会，在会上发表了《苗族巴代文化》论文，获得了画坛巨匠黄永玉先生的竖拇指赞叹及在场学者、专家的高度关注，成为有史以来第一次、第一个将历代史书典籍所定格的苗族所谓的"巫鬼文化"还原为"巴代文化"，把传承苗族文化的"巴代"从历代所定格的"巫师、鬼主、祭师、老司"中解脱出来，使苗族"巴代"这个原始名词得以还原和定位，使苗族文化从"巫鬼"的圈子里跳出来的人，为今后正确对待与研究苗族历史文化提出了新课题、做出了重要贡献和打下了坚实基础。1996

年，他参加由文化部审批、国务院七届（对台局）备案的"中国地方戏与仪式之研究"文化工程，首次将湘西苗族的"道师"科仪论述整理成较为完整的文字书籍。参与整理译注石启贵《民国时期湘西苗族调查实录》（共八卷十册）一书的整编译注工作，获得好评。2009年10月，参加"全国蚩尤文化研讨会"并成为全国仅11位主题发言人中的第9位在会上作主题发言，深受赞扬。曾在《中国民族》《边城文学》《全国蚩尤文化研讨会论文汇编》《始祖蚩尤》等书刊杂志上发表有关苗族巴代文化内容的论文30余篇。其挖掘、整理、传承、研究苗族巴代文化的有关事迹，在《神奇的花垣·人物篇》、《湘西当代民族文化传人录》、自治州文联刊物《神地》2009年第2~3期第100页、花垣县政协刊物《苗河》中曾有详细记载；中央电视台9频道、12频道、4频道，辽宁电视台，德国电视一台，州县电视台等对其事迹有过多次报道，仅在2009年这一年的时间里，《团结报》曾4次、《湖南日报》曾3次对其进行过报道。

花垣县政协刊物《苗河》
2010年第1期（创刊号）封面

《苗河》2010年第1期第48页内容

第二篇　苗族巴代文化传承大师石寿贵

载于《花垣县文史·人物篇》2008 年 11 月第 169 页

　　石寿贵，1951 年 3 月 9 日生，男，苗族，花垣县董马库乡大洞冲村人。自幼从父学艺并兼读私塾课程，为其本家祖传苗师"巴代雄"第 32 代掌坛师；客师"巴代扎"第 11 代掌坛师；民间正一道（苗族丧戏）坛班第 18 代掌坛师。长期从事巴代文化、道坛丧堂戏（道士）文化及苗族古老话和湘西苗族习俗礼仪文化的挖掘、整理、译注、传承及研究工作，颇有成效。特别是 1996 年以来，其参加由文化部审批、国务院七届（对台局）备案的"中国地方戏与仪式之研究"文化工程，与原湘西州人大常委、湘西州文研所所长张子伟教授合作完成《苗族巴代内坛秘籍》50 万字、《中国神图汇编》45 万字 500 余幅彩图、《苗族祭祀仪式汇总》113 万字、《苗族古老祭祀歌汇览》55 万字、《苗族阴魂祭祀》50 万字、《苗族还傩愿科仪汇编》50 万字等书稿的撰写工作。之后，石、张二人又在州政府的资助下完成了《湘西苗师通书诠释》60 万字、《苗师通书诠释》15 万字、《湘西苗族古老歌话》60 万字、《客师通书》45 万字等书稿。其中，《湘西苗师通书诠释》《湘西苗族古老歌话》《客师通书》已交送湖南师范大学出版社待出版，预计 2010 年即可陆续出版。以上 600 余万字的书稿全部由石寿贵大师执笔主撰，内容全是其家祖传资料。

　　石寿贵大师除了潜心挖掘、整理、研究、传承苗族的巴代文化、婚丧习俗、红白礼仪文化之外，还积极地参与各种健康的社会文化活动。他先后为德夯国家级名胜景区办班授徒，并为该景区和州博物馆扎制傩堂以供游客长期观赏，均获好评。2004 年，他参加中国文联、国家民委等组织的第二届全国少数民族曲艺展演，表演了苗师"巴代雄"祭仪中的《抱己嘎》祭祀精选片段，荣获国家级三等奖；2004 年，获花垣县委宣传部、县文联"先进文学艺术工作者"称号；2005 年，获湘西州人民政府"文艺创作突出贡献奖"；等等。2007 年至 2008 年，参与中央民族大学组织的整理译注石启贵《民国时期湘西苗族调查实录》一书，并撰写了编者按，获得好评。

　　在 1986 年到 2009 年这二十多年的时间里，为了能够全面、细致、系统地整理、编辑、译注苗族的巴代文化遗产资料，为今后更进一步地研究巴代文化提供第一手全面系统的原生态资料，石寿贵大师极力说服全家人，在财力上倾其所有并四处筹资，在人力上全力以赴，全身心地投入巴代文化的挖掘、整理、汇总、编辑、译注工作中去。他走访了贵州、四川、湖北、湖南、重庆等5省市的20多个县市乡村内的有名望的巴代坛班，耗资近30万元，编辑撰写了28集共800余万字、1426幅彩图的《苗族巴代文化系列丛书》书稿，该丛书具体包括以下内容：

第一集：收载了苗师巴代雄在苗语系列祭祖仪式中所用的168种手诀之名称、苗文、意译、手法和彩图。

第二集：收载了客师巴代扎在汉语系列祭祀仪式中所用的671种手诀之名称、手法和式样绘图。

第三集：翔实地收载了苗师巴代雄在苗语系列祭祖仪式中所常用的46件(套)道具法器之名称、别名、汉名、实物照片及相关的内容简介。

第四集：详细地收载了客师巴代扎在汉语系列祭祀仪式中所分别应用的83件(套)道具法器之名称、别名、苗名、规格、用途、实物照片及相关的内容简介。

第五集：详细地收录了巴代在各种祭祀仪式中所用的神符109道以及蚩尤苗符(剖尤岭)33道的符式、名称、用途及与神符配合应用的相关神咒名称。

第六集：收载了苗师巴代雄在苗语系列祭祖仪式中所常用的53宗神咒之名称、法语、苗文、汉译及有关说明。

第七集：收载了客师巴代扎在汉语系列祭祀仪式中所常用的308宗神咒之名称、法语、作用及作法。

第八集：收载了客师巴代扎在汉语系列祭祀仪式中所应用的105碗法水以及苗师巴代雄在祭仪中常用的7碗法水之名称、法语水咒及相关说明。

第九集：收录了巴代在祭祀仪式中所应用的疏章、表文、申文、状文等共54道、吊挂41组、门额4类、神联61副(包括意示联、组合字联、苗语联、形象联等表现形式)。

第十集：翔实地收载了巴代在祭祀仪式布设坛场中所常用的纸剪、纸扎工艺128种图案、花纹名称和实物照片。

第十一集：详细地收载了苗师巴代雄在苗语系列祭祖仪式中所祭奉的36堂祖神的名称、苗名、汉译、神名称号、祖神出处、安神(祭处)、供具、供品以及祭祀其祖神的原因和祭坛的摆设等十大项内容。

第十二集：详细地收载了客师巴代扎在汉语系列祭祀仪式所祭奉的108堂神之名称、别名、苗名、神名称号、祖神出处、安神(祭处)、供品、供具以及祭祀其祖神的原因和祭坛的摆设等十大项内容。

第十三集：翔实地介绍了按照苗家传统习俗向有关神灵常许的 24 种神愿(如许傩愿等)的名称、别名、苗名、许愿的原因、愿标的制作(许愿的标志实物)、置放愿标的地方、该神的神名称号、祖神出处、许愿的方法以及实现愿望之后还愿的概况。

第十四集：收载了巴代照片 900 余幅。

第十五集：收载了巴代论文 39 篇。

第十六集：收录了巴代古老话(苗族古代各种根原)12 章。

第十七集：收录了巴代古老歌(苗族古代史及椎牛、吃猪等祭祀神辞歌等)共 18 节、700 余首，并在每节开头加上导读，每首都有汉字注音、苗文、意译以及有关古名词、古术语之脚注。

第十八集：收录了客师"巴代扎"128 堂科仪。

第十九集：收录了苗师"巴代雄能爬"吃猪科仪。

第二十集：收录了苗师"巴代雄能尼"椎牛科仪(共 4 册)。

第二十一集：收录了苗师"巴代雄西向"敬家祖科仪。

第二十二集：收录了苗师"巴代雄土昂"招新亡入祖籍科仪。

第二十三集：收录了苗师"巴代雄出棍耸"敬雷神科仪。

第二十四集：收录了苗师"巴代雄不青他力"敬日、月车祖神科仪。

第二十五集：收录了苗师"巴代雄然绒"接家龙、寨龙科仪。

第二十六集：收录了苗师"巴代雄补谷补洞得棍"苗祀 33 堂小神科仪(共 4 册)。

第二十七集：收录了巴代古词诠释。

第二十八集：苗师巴代雄神辞汉译版等尚在整理编辑中。

以上书稿皆由石寿贵大师夜以继日、一笔一画、一字一句地撰辑成册。这套图文并茂的《苗族巴代文化系列丛书》，是目前湘西乃至全国范围内有关巴代文化资料科目最齐全，内容最翔实、广泛、细致，实物彩图最丰富、生动的苗族巴代原生态的权威民间传统资料。石寿贵挖掘、整理、传承、研究苗族巴代文化的有关事迹，在《神奇的花垣·人物篇》、《湘西当代民族文化传人录》等书中有载；在中央电视台 9 频道、12 频道、4 频道，辽宁电视台，德国电视一台，州县电视台有过报道，《团结报》曾 4 次、《湖南日报》曾 3 次对其事迹进行过报道。

此外，石寿贵大师还在国家级重点刊物《中国民族》以及《边城文学》《始祖蚩尤》《全国蚩尤文化研讨会论文汇编》等书刊上先后发表了有关巴代文化论文 30 余篇。这些论文全部都是以论述论证苗族巴代文化为主，用辩证唯物主义和历史唯物主义的观点和方法，从人类学、民族学、天文学、宗教学、哲学、社会学、心理学、物理学、化学、美学等学科中借鉴有益的方法，并不断回头审察过去的偏差，纠正原来的误会，向学术界展示远在我们研究视野之外的古代苗族巴代文化的内容、成分、性质、特点、功能、规律、意义、价值，探讨巴代文中的语汇、理论、神话、特色、实质、仪式、表象形态、历史典故、有关门类学、背景环境等学术问题，为今后全方位、多视角、深层次地研究苗族的宇宙观、人生观、价值观、审美观、道德观、生育观等有关苗族文化提供了一些参考资料，科学地取其精华、去其糟粕，从中提取文明资源、精神力量来为构建民族大团结、文明和谐的中国特色社会主义而服务。

由于石寿贵大师祖上历代先人数百年以来对苗族巴代文化的高筑厚垒、深积广聚，石寿贵将巴代、道士、玄学、易经、民俗礼仪等民族民间技艺积聚、兼容于一身，因而多才多艺、身怀绝技。其巴代祭仪、道坛表堂戏、民俗礼仪中的写、画、雕、扎、剪、吹、打、舞、诵、唱、文、疏、表、章、申、符、篆、咒、诀、水等技艺样样精湛。他常带领其属坛班人员在花垣、保靖、永顺、古丈、吉首、泸溪、凤凰、张家界、德夯、麻阳、铜仁、松桃、秀山、酉阳、长沙、广州、深圳及贵州、重庆边远地区的民间、寺庙和景区进行演艺活动，深受当地百姓和广大游客的赞赏。他先后多次为德夯国家级景区办班授徒，并为该景区以及湘西州博物馆扎制傩堂以供游客长期观赏，均获好评。其中，州博物馆傩堂的纸扎纸剪和会意字神联被摄入《湘西往事》电视剧中做傩堂背景。2004 年，他应中国文联、国家民委的邀请，代表湖南省在南宁市参加第二届全国少数民族曲艺展演，表演了苗师巴代雄祭仪中的《抱己嘎》祭祀精选片段，荣获国家级三等奖。同年，由于他的文艺创作成绩显著，被花垣县委宣传部、县文联评选为"先进文学艺术工作者"；2005 年，其作品《抱己嘎》被州委、州政府评为"文艺创作突出贡献奖"；2006 年 10 月，石寿贵大师以湘西文化名人的身份参加了州委宣传部、统战部组织的在凤凰召开的建设文化湘西暨湘西文化名人研讨会，在会上发表了《苗族巴代文化》论文。由于选题准确，立论新颖，论据论证确凿有力，见地明了，结论有全新的突破，该论文曾一度震撼了在会的 80 多位专家学者，画坛巨匠黄永玉大师曾一度站起并竖起大拇指当堂惊叹："这就是苗文化研究专家！"论文宣讲完毕时，沸腾声洋溢在整个会场。会后，多位专家、学者争抢着要求石寿贵大师签名留念，他们都对这位大师赞叹不已。会上，由州宣传部、统战部牵头，吉首大学发起成立了"湘西文化研究会"，石寿贵大师当即被推选为该研究会第一届理事会理事。2007年3月，石寿贵被湘西州人民政府命名为首批苗族巴代传承人；同年10月，石寿贵又被吸纳为湘西州曲艺家协会会员。2007年冬到2008年底，他应中央民族大学石建中、麻树兰两位老教授的邀请，参加了由台湾"中央研究院"历史语言研究所、中央民族大学"985工程"、非物质文化遗产研究与保护中心三方合作、整理译注出版石启贵《民国时期湘西苗族调查实录》一书（共10大卷300余万字）的工作，主要承担撰写该书的集解、题解、节解（后改为编者按）及宗教术语的注释并审定全稿和撰写该书的导读——《从远古走来的脚印》任务，由于他的专业学识和高超水平，他受到了该书总编和整理小组的高度信任和一致好评。

石寿贵大师家传祖教的巴代文化的每代传承人不光是民族民间文化多艺兼习，而且每代传人都是成双成对的。在多艺兼习方面的内容包括：苗师巴代雄、客师巴代扎、丧堂戏道士、易经玄学、地理堪舆、命理预测、红白事古老话、草医疗治、各种工艺、佛道仪规、习俗礼仪等。其家所在的大洞冲村由古到今都是巴代文化底蕴相当深厚的一个苗族生态村落。该村在1949年以前，在全村仅有百余户人家的情况下便有巴代坛班13坛之多，即使在经过历史洗刷冲击之后的今天仍有巴代9坛。此种规模在全州之内实属罕见。石寿贵大师祖上曾立有规矩，即历代子孙必须以耕读为本，不管读书的年份多长、书读多高，不去为官而只行道艺。其祖上历代都是书香子弟从艺的"以家养艺"的专家道艺坛。在十方演教的同时，他广泛收集本地域内的巴代文化资料，对其进行筛选，进行去粗取精的综合整理以及考证研究，并融多艺兼习于一体，故其造诣、学识非同一般。在成双成对的传承方面，从其太高祖石共米、石共甲到高祖石仕官、石仕贵，曾祖石明璋、石明玉，祖父石光珠、石光珍、石光三、石光求，父辈石长先、石长任，本辈石寿山、石寿嵩、石寿天、石寿贵，儿辈石开运、石开森、石开发、石开林、石开义等。这多则四五个，最少也有两个的成双成对的传承，使得石寿贵大师所传承的巴代祖坛久盛不衰、富有生气、十分活跃。

石寿贵大师传承巴代文化除了在文字整理、理论研究、正本清源上付出了极大的艰辛，做了大量的工作而取得丰硕的成果之外，在办班授徒、言传身教的传承中也付出了莫大的努力。他在巴代文化的传承坛班和徒弟人选上十分讲究。在坛班的地理位置上力求做到布局合理、以点连线、以线连圈，力求形成巴代文化圈。以其所在地的布局为例：从本村沿着乡道公路顺势而去，传承坛班布局为：从卧大召坛、鸡坡岭坛、大水井坛、让乍坛、排腊坛、董马库坛，到排料乡的让烈坛、排料坛，再到排碧乡的岩罗坛等，以这9个坛班把董马库乡、排料乡、排碧乡这三个乡连成了一个圈。在徒弟的人选上,则选择品学兼优、诚信文明的青少年来传承,接受传承的坛班到目前为止已达23坛,亲传弟子58人,坛班所属艺人123人。这种规模在本地域来说,已经算得上是登峰造极的了。

石寿贵大师不仅在巴代文化内容上做了全面系统的挖掘、整理,而且在理论研究、正本清源上也有全新的突破和巨大的贡献。他认为:苗族的巴代是苗族的祭祖理根教(追宗荐祖或理根祭祖),简称祖教。因为他所祭祀的主要对象是祖神而不是鬼。巴代所主持的祭祀仪式的主要内容是敬祖驱鬼、祈福保安。对于祖神,苗族人是崇奉和尊敬的;对于鬼,苗族人则是十分痛恨的。如在"巴代雄"的"乖棍"等神辞中,在"巴代扎"的"打扫屋""赶猖""扫瘟""荡秽"等祭仪中,对鬼总是"驱赶再驱赶,驱逐再驱逐"。鬼在苗族人的心目中是阴暗、卑劣、祸害和灾难的化身,而神(指祖神)则是光明、正直、荫佑和保安的精神支柱,二者截然不同。苗族所祭的祖神有:(1)大祖。椎牛所祭之祖,祖神的名称叫作"林豆林且"。因其祭祀规模最大、时间最长、耗资最巨、参与人员最多,历代祖师们将其称为大祖神。(2)元祖。吃猪所祭之祖,其祖神名称为"拔浪祝林,浓浪祝共"。因其先阴后阳,先女后男,先柔后刚,最原最始,最古最老,历代祖师们将其称为元祖神。(3)族祖。祖神名称为"剖力剖油",即九黎蚩尤。(4)寨祖。祖神名称为"阿剖斗冬",即每村每寨第一个开始安村立寨的人。(5)家祖。即苗家西向所祭之祖,祖神名称为"香剖香娘,香内香玛",为自己家中的祖公祖婆。(6)雷祖。祖神名称为"阿剖打松",即敬雷神所祭之祖。(7)龙祖。祖神名称为"戎剖戎娘,戎内戎玛",即接龙所祭之祖(中华民族是龙的传人,我们是龙的子孙)。(8)谷粟祖。祖神名称为"拔浪棍楼,浓浪棍弄",即五谷神祖。(9)傩祖。祖神名称为"东山圣公大帝,南山圣母娘娘",为传说中宇宙洪荒之后人类共同的祖先神。除此之外,还有师祖(各行业祖师,也包括巴代祖坛之祖)等。巴代的祭祀活动是紧紧围绕祭祖这条中轴线来进行的。这就是石寿贵大师为巴代文化所做的正本清源,是他在理论上的全新突破和重大贡献(并非如历代史志典籍所说的"重巫尚鬼,巫鬼信仰")。

石寿贵大师在他所写过的文章里反复说过:苗族巴代不是巫。他和很多的有识之士一样,很不同意把苗族的巴代称"巫师"或者"苗巫",也不同意把苗族的祭祖称为"鬼教",把巴代称为"鬼主",把巴代神辞称为"巫经",把巴代的祭仪称为"巫法"或者"巫术"。其理由是:(1)巴代祭祀的对象是祖神,不是巫教的自然崇拜、人格神化。(2)巴代有教主(祖神)、有教团(坛班)、有经典(神辞)、有仪规(教条),而且是一成不变、千古遵循的,不像巫教随心所欲、故意装神弄鬼、危害人民。(3)巴代的产生和传承是师教徒学、口口相传,而且只传男不传女。与巫的产生的三种基本方式(即大病一场或疯癫过后而成为巫师;神授而成为巫师;公举而成为巫师)截然不同,而且只有女子从事迷信活动的才称为巫,巴代是男子,而且也不是从事迷信活动,怎么能将其称为巫师呢?(4)巴代只是通过演教这么一种宗教仪式给信士户主(祭主)营造出一种与其祖神沟通的气氛,使其从内心升华出一种战胜病魔和灾难的坚定信念,从而达到心身安宁之目的。巫可直接面神见鬼,巴代却不能面神见鬼,因此,巴代不是巫。近年来,虽然学术界给巫下出了学术上的定义,但对于巴代来说,这个定义与它不相符,再怎么说,巴代都不是巫。如果不分青红皂白,为了渲染什么"神秘"而张口闭口便是巫师、巫经、巫法、巫术、巫公、巫辞,如此的你巫来、我巫去,一朝巫到一朝,一代巫到一代,如此的越巫越浓,越巫越厚,可怜乎!苗族老实巴交、本分憨厚的老祖宗们在这种渲染之下便变成了彻头彻尾的巫宗巫祖、巫根巫源。而这些老祖宗们的后代也就自然而然地成为巫子巫孙,湘西这块神秘而古老的地盘之内的苗族百姓岂不都成了巫的子民了吗?这就是石寿贵大师在巴代文化根基上的正本清源,是他在理论研究上的全新突破和重大贡献。

石寿贵大师之所以不同意将巴代称为巫师,除了上述的原因之外,还有更重要的一点,即巴代不是迷信。巴代文化是苗族传统文化的主要部分,是苗族历史文明与社会文化记录、传承的主要载体。比如巴代手诀中的"阴阳乾坤合和诀"——左右双掌壳上下合拍,我们来对这一个非常简单的动作进行剖析:其上掌壳为天、为乾、为阳、为男、为刚、为动,下掌壳为地、为坤、为阴、为女、为柔、为静。双掌壳合拍几下即为天地交泰、阴阳和合、男女婚配而后造化出万类万物。再者,天干地支、八卦五行尽在掌中。巴代手诀有1000多种,上应天体,下应地物,中应人事,包罗万象,万事万物无不尽在其中,这样看来,巴代手诀便是万类文化之先。光是巴代手诀,就有这么深厚的文化意蕴,我们还能说巴代手诀是巫术、是迷信吗?由于篇幅有限,关于巴代文化的文明哲理、文化意蕴、价值意义在此不能尽述,关于这些问题,在石寿贵大师的有关苗族巴代文化的诸多论文中皆有翔实的论述,这也是石寿贵大师在巴代文化根源上的正本清源,是他在理论研究上的全新突破和重大贡献。

石寿贵大师怀着对国家、对民族无限热爱的深厚感情,不惜自己的财力、物力,全身心地投入到民族文化,特别是巴代文化、道坛丧堂戏文化、古老歌话和苗族民间习俗礼仪文化的挖掘、整理、弘扬、考证、研究和传承工作中去。他不仅能在各种艺道文化的表现形式与手法上原汁原味、全面系统地传承老祖宗们所流传下来的多样文化，本人也成为本地区、本民族通晓民族多样文化技艺的内涵、组织形式并能熟练掌握民族多样文化精湛技艺的代表人物。他对苗族巴代文化挖掘、整理，编撰出 800 多万字、1400 多幅彩图的鸿篇巨制，是本地区、本民族前所未有的典型人物；他在苗族文化的理论研究、概念定义的领域里，能科学地、客观地、准确地、合理地对民族多样性文化作出深入细致的研究考证，不仅其有其独特性，还取得突破性的研究成果；他是对苗族文化做出重大贡献的典型代表人物。

花垣政协刊物《神奇的花垣·人物篇》

《神奇的花垣·人物篇》第 169 页的内容

第三篇　湘西当代民族文化传人录

载于中央民族大学出版社 2009 年 1 月出版的《湘西当代民族文化传人录》第 294 页

石寿贵，1951 年 3 月 9 日生，花垣县董马库乡大洞冲村农民，苗族巴代文化传承人。[①]

石寿贵从小跟随父亲学习巴代文化，刻苦用功、记忆力强，数十年下来，他对巴代文化中的写、画、雕、扎、剪、吹、打、舞、诵、唱、文、疏、表、章、申、符、箓、咒、诀、水等样样精通，可谓身怀绝技，为本祖家传第 32 代掌坛师。[②] 他常带领其属坛班在花垣、保靖、吉首、古丈、凤凰、泸溪等县市及贵州、重庆等交界地区进行演艺活动。他多次办班授徒，弟子众多，常在旅游景点表演绝技。2004 年为湘西自治州博物馆扎制傩坛，这是目前湘鄂渝黔边区最精美的傩坛。同年，他代表湖南省参加在南宁举行的第二届全国少数民族曲艺展演，所表演的《抱己嘎》荣获三等奖。2005 年，他因表演《抱己嘎》被中共湘西自治州州委、州人民政府授予"文艺创作突出贡献奖"。

石寿贵还在搜集、整理苗族古籍方面做了大量工作，取得了可喜的成绩。他与张子伟合作，完成《湘西苗师通书诠释》《苗族还傩愿科仪汇编》《苗族巴代内坛秘籍》[③]等 300 多万字的资料整理工作，为苗族古籍抢救保存做出了积极贡献。

鉴于石寿贵对传承苗族椎牛祭等的杰出贡献，湘西自治州人民政府确定他为第一批民族民间文化遗产传承人。

---

① 原文为苗巫文化。其一，巴代与巫不符，巴代是苗族特有的原始古代名词，巴代在形式上虽是苗族祭祖仪式的主持者，但在实质上则是苗族历史与社会文化传承的主要载体。其二，巴代虽有一些巫的成分和内容，但不是主流。其三，苗族文化也不能与巫画等号。基于上述三点原因，笔者认为将其改为巴代文化才科学、客观与全面。

② 原文中的掌堂师应改为掌坛师，巴代不同于梯玛，称坛而不叫堂。

③ 原文中的《苗族巫坛秘籍》应改为《苗族巴代内坛秘籍》。

《湘西当代民族文化传人录》一书

《湘西当代民族文化传人录》第 294 页内容

第四篇　巴代文化大师石寿贵的惊世传承

载于湘西州文联《神地》2009 年第 2 - 3 期第 100 页

湖南省湘西土家族苗族自治州花垣县是中国乃至世界苗族聚居最多的地方，据传，花垣县古苗河是苗族祖先蚩尤的发源地。湖南省花垣县董马库乡大洞冲村从古至今都是苗族聚居的村落，更是苗族巴代文化底蕴十分深厚的原生态村落。据《花垣县文史》第十四辑"人物篇"记载：该村巴代大师石寿贵自幼就从父学艺并兼读私塾，高中之后又继续自修电大课程，为石氏祖传苗师"巴代雄"第 32 代掌坛师；客师"巴代扎"第 11 代掌坛师；民间正一道第 18 代掌坛师；精通《易经》、玄学、堪舆及苗族各种习俗礼仪文化。为湘西文化研究会第一届理事；湘西自治州曲艺家协会会员；湘西州人民政府首批命名的"苗族巴代"传承人。他长期从事苗族巴代文化的挖掘、整理、研究及传承工作，颇有自己独特的见解和突破性的成就。特别是从 1996 年以来，他参加了由文化部审批、国务院七届（对台局）备案的"中国地方戏与仪式之研究"文化工程。他与原湘西州人大常委、湘西州文研所所长张子伟教授合作出版了《中国传统科仪本汇编》之《花垣苗族道场科仪汇编》，主笔圆满完成了撰写 10 本达 600 余万字的书稿工作，其中《苗师通书》和《湘西苗族古老歌话》已交送湖南师范大学出版社待版。

石寿贵大师在 1986 年至 2009 年这 20 多年的时间里，为了能够全面、细致、系统地整理、编辑、译注苗族的巴代文化遗产资料，为今后更进一步研究巴代文化提供第一手全面系统的原生态资料，他极力说服家人，在财力上倾其所有并四处筹资，在人力上全力以赴，全身心地投入巴代文化的挖掘、整理、汇合、编辑、译注工作中去。他已撰写编辑了 25 集共 800 余万字、1426 幅彩图的《苗族巴代文化系列丛书》。这些珍贵的书稿皆由石寿贵大师夜以继日、一笔一画、一字一句地撰辑成册。这套图文并茂的《苗族巴代文化系列丛书》，是目前湘西乃至全国范围内有关巴代文化资料科目最齐全、内容最翔实、广泛、细致，实物彩图最丰富、生动的苗族巴代文化原生态的最权威的民间传统资料。这些书稿现存于石寿贵大师家中，待国家有关部门审核，给予立项出版。

2008 年 8 月，笔者和湖南吉首大学教授、中央民族大学博士研究生导师陈廷亮等人应邀去石寿贵大师家中，目睹并翻阅文集目录、观赏文物器具，真是大开眼界，惊奇地发现石寿贵大师这些极其罕见的珍贵文稿资料和远古的文物器具，实属湘西乃至中国和世界之苗族巴代文化遗产的惊世传承，值得珍惜、拯救和早日问世。

2009年4月，中央博士调研团挂职领导及州、县有关领导来到该村及石寿贵大师家里进行实地调研视察，大家视察之后极为震撼和惊叹：一位普通农民竟能够如此地奋力挖掘、精心整理出如此规模巨大的苗族巴代文化成果，这实在是极为罕见，这些文化成果有着极其重要的研究价值和深远特殊的意义。2004年、2007年、2008年和2009年，中央1、4、9、12频道，德国电视台（采访报道有专碟），辽宁电视台等，先后来到实地，从不同方面、不同角度对之进行过采访、拍摄报道，湘西自治州电视台和花垣县电视台也已作过多次相应的专题报道（有专碟）。

由于石寿贵大师祖上历代先人数百年以来对苗族巴代文化的高筑厚垒、深积广聚，致使其家祖传除了以上资料内容之外，尚有件套众多、各式各样的有关巴代的道具法器。这些文物器具包括苗师"巴代雄"部分41件（套），客师"巴代扎"部分118件（套），苗客共计159件（套）。

巴代是苗族特有的古代原始名词，是苗族祭祀仪式、习俗仪式和各种社会活动仪式的主持者及苗族民间信仰、苗族古籍文化传承的主要载体之一。巴代作为苗族文化传承的主要渠道，从古到今都始终活跃在苗区的各个社会阶层里，他既代表着苗族特有的原始宗教，又是传承苗族文化的主要载体。

石寿贵大师珍藏有关苗族巴代文化的资料（25集、800余万字、1426幅彩图）和文物［159件（套）］，充分体现出了苗族文化博大精深、源远流长、优秀高深的精神内涵和艺术价值，对于今后全方位、多视角、深层次地研究苗族历史文化有着极其重要的价值和深远的意义。

《苗族巴代文化系列丛书》（以下简称巴代文化）是一幅古老的版图，在这幅版图的黑白纹线里，密密麻麻地显现出了苗族起源、生存、发展、迁徙和壮大的各种符号；巴代文化是一幅历史长河的画卷，在这幅古老的图画里，我们再次看到了苗族先人的身影、历史和年轮；巴代文化是一本百科全书，在这本厚厚的百科全书的每页、每面的字里行间，我们看到了苗族不同时期的社会背景、历史段落、生活习俗及意识观念；巴代文化是一曲古老的乐章，在乐章的曲谱里，大鼓打出了历史前进的节拍，大锣催动了奋进的步伐，角号吹出了民族的呐喊，竹柝敲出了民族的雅风，神辞带我们周游了人类原始的殿堂，苗歌带我们走进了盘古的时代，神韵勾画了千年的理想，音符激活了民族的灵魂，手诀打出了豪壮的言语，罡步远古的脚印。愿这簇苗族文化艺术的瑰宝，在中华民族文化艺术的大花园里绽放出独特的魅力。巴代文化是苗族的，是中华民族的，更是世界的。

湘西州政协刊物《神地》2009 年 2 - 3 期封面

湘西州政协《神地》2009 年 2 - 3 期第 100 页内容

第五篇　石寿贵，让苗族文化走出"重巫尚鬼"的围城

——一位花甲农民的文化自觉行为

载于《边城文学》2011 年第 6 期第 62 页

作者　张耀成

"石老师的研究很有价值。"这是湖南省政协副主席武吉海给他的留言。"这才是苗族文化的研究专家!"这是画坛巨匠黄永玉对他的称赞。"救活苗族文化的功臣。"这是《湖南日报》对他的评价。他，一名普通的苗族农民，却成为吉首大学客座教授，并多次接受国内外数家媒体的采访及各级领导专家的探访。近 30 多年来，他投入 30 多万元，凝聚几代人努力，挖掘、译注、编撰了反映苗族文化主流的字数多达 1400 多万的《苗族巴代文化系列丛书》和上千张(件)苗族文化影像、图片、文物资料，为苗族文化正本清源，其传承、推广、展示苗族巴代文化的事迹着实令人震撼。他对苗族巴代文化的独到见解和传承精神，使人们走出了对苗族文化"重巫尚鬼"的片面认识，对传承苗族文化、增进民族团结具有重要意义。他，就是被许多人称为"苗族文化牛人"的石寿贵。

决心"牛"：心脏停搏　工作不止

现年 61 岁的石寿贵系花垣县董马库乡大洞冲村人，自幼从父学艺并兼读私塾，为其家祖传"巴代雄"(苗师)第 32 代掌坛师，长期从事苗族巴代文化的挖掘、整理、译注、传承及研究工作，是湘西州苗族巴代文化传承人。他首次提出了"苗族巴代文化"的概念。近日，笔者来到大洞冲村，石寿贵专家似的讲述把笔者引进了"苗族巴代文化"的海洋。他说，巴代是苗族特有的古代原始名词，是苗族祭祀仪式的主持者及苗族民间信仰、苗族古文化主流的传承者。巴代文化包含苗族哲学、易理、政治、军事、礼仪、道德、文体等物质和精神元素。其传承方式表现为写、画、雕、扎、剪、吹、打、舞、诵、唱、文、疏、表、章、申、符、箓、咒、诀、水等。这样博大精深、源远流长的巴代文化被石寿贵统揽成书，其艰辛可想而知。

一次，为挖掘、收集苗族礼仪文化，石寿贵携带礼品，跋涉百里，到凤凰

县两头羊乡拜访一位"巴代身身"（传承人职位称谓），但被主人关门谢客。石寿贵满腹委屈，但只能拖着疲惫的身子表示"下次再来"。像这样携带干粮和礼品四处奔波采集资料的事，他经历过千余次。

　　石寿贵为挖掘苗族文化，30多年来先后深入贵州、四川、湖南、湖北、重庆等5省市的20多个县。行程达10万多千米，民间山路"吃掉"了他40多双解放鞋，脚板的血泡一次次变为老茧，脚板的老茧又一次次变成血泡。更为严重的是，长期的操心劳累使他患上了心脏病。在一次迟到的检查中，他发现自己的心脏每分钟停搏3次，心脏二尖瓣关闭不全，出现回血，只好终生服药。为调节自己编写时胸闷、心慌等不适感，他在家里的堂屋、书房、寝室布置了三个简易的书写室，用他的话说，就是"这里写闷了，再到那里写"。为提高工作效率，他还"60岁学吹鼓手"，自学电脑，并用坏了5台打印机。家人们多次劝他休息，他总是说："我哪怕累死，也要为传承苗族文化办点实事。"

理论"牛"：力释误解　正本清源

　　"有人认为苗族是一个'重巫尚鬼'的民族，这真是一个天大的误会。"石寿贵以纯正的本民族"巴代雄"的身份，对以往某些人对苗族的片面认识作了颠覆性的解释。他这样告诉笔者："苗族真正的信仰实际上是'自我崇拜'，讲究'我喝你喝''我吃你吃'。比如在祭祀祖先时，祭祀用的酒不是洒在地上，而是喝下去；祭祀用的食物要在礼仪完成后吃下去，而不是放在祭坛上让它自然烂掉。在祭祀活动中，是'活人祭祀活人'，而不是'祭木偶、神像、牌位'，如在接龙祭祀中就有活人'龙公龙婆'领供品。"石寿贵在苗族巴代文化理论研究、正本清源上有其全新的突破。

　　在远古的部落纷争中，苗族屡战屡败而被迫迁徙，最后散居于深山老林、险塞沟壑，成为一个不通王化、没有文字、语有差异的散居民族。外界因此对苗族文化产生了许多误解，把苗族人民的"敬祖驱鬼"误认为"重巫尚鬼"；把苗族的巴代称为"巫师""鬼师"；把巴代祭祀中的神辞称为"巫经""巫辞"。石寿贵说："其实，苗族是个亲祖恨鬼的民族，苗族人对祖神是敬仰和尊重的，而对鬼则是刻骨仇恨的。苗族的祭祀活动是紧紧围绕着祭祖驱鬼、祈福保安这条中轴线来进行的。因为祖神在苗族人的心目中是光明、正直、荫佑、赐福和吉祥的化身，而鬼在苗族人的心目中则是阴暗、卑劣、祸害和灾难的代名词。因此，苗族人在祭祀活动中对'鬼'总是驱赶再驱赶。明显恨鬼，却被说成'尚鬼'，这令许多苗族人难以理解。这也是造成苗族人民'受歧视'的一个因素。"石寿贵以其对巴代文化的耳濡目染和大量的调查研究，提出了"蚩尤不等于巫，巴代不等于鬼，苗族人不等于土匪"的"三不等"理论，并陆续发表《浅谈苗族巴代文化点滴》《苗族巴代文化——远古飘来的神迹》《浅析巴代文化与巫鬼之间的关系》等30余篇论文于《始祖蚩尤》《中国民族》《边城文学》等刊物上。其文章以确凿的论据、严密的论证、新颖的立论赢得了许多业内人士的关注。此外，石寿贵编写的《苗族巴代文化系列丛书》，对苗族手诀文化、自然功文化、写功文化、哲学理念文化、水文化等所涉及的"化水治病""赴汤蹈火"等神奇现象作了较为科学合理的解释，使它们摆脱了"重巫尚鬼"的嫌疑。在2006年的一次文化名人研讨会上，80多位专家被他的演讲所折服，纷纷请这位农民文化工作者签名，与他合影留念。2007年冬至2009年夏，他应中央民族大学石建中、麻树兰两位资深教授的邀请，参与了台湾"中央研究院"历史语言研究所、中央民族大学"985工程"等两岸合作出版的石启贵《民国时期湘西苗族调查实录》（300余万字）的整理、译注工作，并为该书撰写导读《从远古走来的脚印》，受到了总编和整理小组的高度信任与一致好评。

传承"牛"：去伪存真　科学传承

通过艰辛、漫长的挖掘、收集、译注、编撰工作，石寿贵使苗族文化走出了传承人流失、文献资料流失、科仪项目流失三大困境。目前，他已形成巴代文化资料290多本，其字数达1400多万，彩图1400多幅，巴代文化影像资料151盘，巴代文化道具文物169件。在编撰丛书之初，他给自己定了两条原则：不利于民族团结的内容不写、不利于民族进步的活动不传。在此思想下，他打破"六耳不传""传男不传女""外姓人不传"等祖规，去粗取精、去伪存真，仅在本辈和儿辈就培养了十多位文化传承人。他对传承坛班和徒弟人选十分讲究，收徒讲究品学兼优、诚信文明；设坛讲究布局、协调、呼应，力求形成"巴代文化圈"。到目前为止，其已传承巴代文化坛班23个，亲传弟子58人，所属艺人123人。

不断写书是石寿贵让苗族巴代文化走向全国、走向世界、走向各民族人民心灵的重要方式。特别是1996年以来，石寿贵参加由文化部审批、国务院七届（对台局）备案的"中国地方戏与仪式之研究"文化工程，与张子伟教授合作完成了《苗族巴代内坛秘籍》《苗族道场科仪本汇编》《苗族古老祭祀歌汇览》等编写工作。之后，二人又完成了《湘西苗师通书诠释》《客师通书》的编写工作。近年来，石寿贵又独立完成《苗师巴代手诀》《巴代文疏表章》等苗族巴代文化系列丛书。

石寿贵的工作得到了各级相关部门的充分肯定。2004 年，他应中国文联、国家民委邀请，代表湖南省在南宁参加第二届全国少数民族曲艺展演，所演节目《抱己嘎》荣获国家级三等奖。此后又获州、县文艺创作突出贡献奖、先进文学艺术工作者等荣誉。他先后被湘西州评选为"湘西文化研究会第一届理事""湘西曲艺家协会会员""湘西州首批苗族巴代文化传承人"。

花垣文联刊物《边城文学》2011 年第 6 期

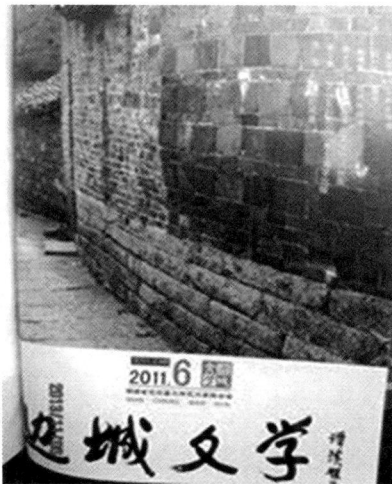

花垣文联刊物《边城文学》2011 年第 6 期

第六篇 二十六年的守护：苗族文化瑰宝再现奇光

——湘西巴代文化传承人石寿贵和他的巴代文化研究

载于《中国民族》2013 年第 42 期海外版第 4－25 页

文/石维刚 谭祖武 摄影/石维刚 周建华

翻译/万健玲

Restoring the Luster of Miao Culture Protector and Inheritor of Badai Culture in Western Hunan

《中国民族》2013 年第 42 期海外版

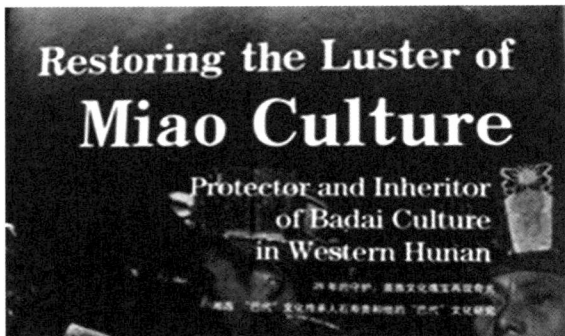

《中国民族》2013 年第 42 期海外版标题

遭批斗，被抄家两次，关在当时的人民公社里进行"劳动改造"，家里的不少巴代典籍及法器衣物也被没收了。1965 年，14 岁的石寿贵开始抄录巴代文稿，记录操作方法和祭祀科仪。在那食不果腹的岁月里，即使嚼着葛根、茅草根，他也坚持着背诵祭词、哼唱腔调。即使外出乞讨，吃着讨来的红薯、洋芋，也要放下"打狗棍"记录下所看到的外地巴代科仪、什物、作法。1966 年下半年之后的"文革"时期，"巴代"被列为"四旧"，被定性为巫教巫法、鬼教鬼主而遭禁毁，不少人员横遭批斗、迫害，最为沉痛的是，大量巴代文物典籍被焚烧，法器道具被砸毁，坛班被取缔，以致相当长的历史时期无人敢学，无人敢教。作为苗族的"书香门第"，石寿贵谨遵"不做官只从艺"的祖训，坚持"以家养艺"，拒斥"以艺养家"。为了向外省的巴代大师学习、与他们交流，开阔眼界，他对家妻往往连哄带瞒地借钱开支，积极探索巴代文化与佛教、道教的关系，参悟"心随物转，心生万物"的佛理，注重人的潜在功能的开发运用，大胆打破学法之人"发人不发家，发家不发人"的观念，努力学习只有巴代掌门人才懂得的理论知识和操作方法。他的这种精神，得到了远近有名望的巴代的推崇和赞赏。

改革开放以来，对于巴代文化，国家在政策上也不见有肯定态度和开明政策，巴代们在长期严酷的政治迫害和政策打压下，一直惊魂不定，从而造成了现在巴代文化流失濒危的情况，老一辈传人逐渐逝去，新一代又没几个有兴趣学。教无人教，学无人学，有书无物，残缺不全，这给巴代文化的传承造成了毁灭性的打击。石寿贵先生看在眼里，痛在心里，出于自己对巴代文化的了解，更出于对苗族的文化自觉，他深知苗族这个没有文字的民族，其文化精髓全是靠巴代仪式活动来传承的。于是，早在 1965 年，国家政策对巴代文化尚不明朗的时候，石寿贵就冒着遭受政治迫害的风险，开始抢救濒临灭绝的苗族文化。他历尽千辛万苦，脚踏实地地做起来了。在他努力抢救了 40 余年之后，终于迎来了民族文化繁荣发展的春天，他的努力获得了社会的认同、苗族人们的敬仰。先后曾有中国台湾有关研究院、台湾中正大学、美国犹他大学、香港大学、中央民族大学、四川大学、西南大学、中山大学、湖南师范大学、吉首大学，以及国家文化部艺术研究院等大专院校、科研单位及各级报社电视台前来考察、调研、采访，进行学术交流。巴代文化对国内外产生了广泛的影响，社会各界人士对苗族巴代文化的博大精深给予了高度评价。

湖南省社科联、苗学会刊物《五溪》2013 年第 3 期第 56 - 57 页内容

《五溪》杂志 2013 年第 3 期封面

第二章 有关报道

一、《团结报》报道部分

第一篇 石寿贵展示巴代法器道具图片报道

《团结报》2009 年 4 月 4 日第 3 版

石寿贵展示巴代法器道具(石林刚摄)

其附文字说明:花垣县董马库乡大洞冲村苗族巴代传承人石寿贵,潜心研究、挖掘苗族巴代文化、苗族道坛文化及苗族习俗礼仪文化数十年。图为石寿贵在展示巴代法器道具。

第二篇　花垣一农民完成《苗族巴代文化系列丛书》

《团结报》第 17221 期 2009 年 7 月 25 日第 2 版

　　本报讯（曾令广）　近日，笔者从花垣县董马库乡大洞冲村获悉：该村巴代大师石寿贵挖掘、整理、编辑、译注的《苗族巴代文化系列丛书》已经全部完成，此举引起了业内外人士的广泛关注。

　　巴代是苗族特有的古代原始名词，是苗族祭祖仪式的主持者及苗族民间信仰、苗族古籍文化的传承者。巴代作为苗族文化传承的主要渠道，从古到今始终都活跃在苗区的各个社会阶层里。

　　石寿贵，1951 年 3 月生，是石氏祖传苗师"巴代雄"第 32 代掌坛师、客师"巴代扎"第 11 代掌坛师、民间正一道第 18 代掌坛师；精通《易经》、玄学、堪舆及苗族各种习俗礼仪文化，为"湘西文化研究会"第一届理事、州"曲艺家协会"会员、州人民政府首批命名的"苗族巴代传承人"。他长期从事苗族巴代文化的挖掘、整理、研究及传承工作，颇有建树。特别是 1996 年以来，其参加由文化部审批、

《团结报》第 17221 期
2009 年 7 月 25 日第 2 版

国务院七届（对台局）备案的"中国地方戏与仪式之研究"文化工程，与原湘西州人大常委、湘西州文研所所长张子伟合作出版了《花垣苗族道场科仪汇编》，同时主笔完成了 10 本 600 余万字的书稿撰写工作，其中的《湘西苗师通书诠释》和《湘西苗族古老歌话》已交送湖南师范大学出版社待出版。

　　这些珍贵的书稿是目前湘西乃至全国范围内有关巴代文化科目最齐全、内容最翔实、广泛、细致，实物彩图最丰富、生动的原生态民间传统资料。它们充分体现了苗族文化博大精深、源远流长的精神内涵和艺术价值，对今后全方位、多视角、深层次地研究苗族历史文化有着极其重要的价值和深远的意义。

第三篇　我向祖国献份礼
——记湘西州苗族巴代文化传承人石寿贵

《团结报》第 17252 期 2009 年 8 月 25 日第 3 版
张耀成

2006 年，画坛巨匠黄永玉在湘西州"建设文化湘西暨湘西文化名人研讨会"上听了石寿贵先生的论述后，立身竖大拇指，对他备加称赞："这就是苗文化的研究专家！"石寿贵，一名普通的苗族农民，历时 20 余年，凝聚几代人的努力，投入 30 多万元，挖掘、译注、编辑了反映苗族文化主流的《苗族巴代文化系列丛书》，以传承、推广、展示苗族巴代文化。2001 年至 2009 年，中央 9 频道、中央 12 频道、辽宁电视台、德国电视一台等先后对其传承苗族巴代文化的事迹进行了报道。与此同时，他对苗族巴代文化的独到见解也深得许多资深专家的赞赏。

心脏停搏　工作不止

石寿贵，男，苗族，58 岁，花垣县董马库乡大洞冲村人，自幼从父学艺并兼读私塾，为其家祖传"巴代雄"第 32 代掌坛师，长期从事苗族巴代文化的挖掘、整理、译注、传承及研究工作。8 月 8 日，笔者有幸来到大洞冲村。石寿贵说，巴代是苗族特有的古代原始名词，是苗族祭祀仪式的主持者及苗族民间信仰、苗族古文化主流的传承者。巴代作为苗族文化传承的主要渠道，从古至今一直活跃在苗族人民的各个阶层里，她既是苗族特有的原始宗教，又是传承苗族文化的主要载体。巴代文化内涵丰厚，包含苗族哲学（规律法规、行为准则）、易理（天地阴阳、刚柔制化）、政治（规款制度、赌誓血咒）、军事（行兵布阵、进退攻守）、礼仪（古老歌话、理礼言行）、道德（分配交际、和谐尊重）、文体（歌舞、武术、美工、音乐）等物质和精神元素。其传承方式有写、画、雕、扎、剪、吹、打、舞、诵、唱、文、疏、表、章、申、符、篆、咒、诀、水等。这样博大精深、源远流长的巴代文化被石寿贵统揽成书，其艰辛可想而知。

一次，为挖掘、收集苗族礼仪文化，石寿贵携带礼品、跋涉百里，到凤凰县两头羊乡拜访一位"巴代身身"（传承人职位称谓），被主人关门谢客，石寿贵虽满腹委屈，但也只能拖着疲惫的身子表示"下次再来"。像这样携带干粮和礼品四处奔波采集资料的事，他经历过千余次。

为挖掘苗族巴代文化，20多年来，石寿贵先后深入贵州、四川、湖南、湖北、重庆等5省市的20多个县。行程达10万多千米，民间山路"吃掉"了他40多双解放鞋，脚板的血泡一次次变为老茧，脚板的老茧又一次次变成血泡。更为严重的是，长期的操心、疲累使他患上了心脏病。在一次迟到的检查中，他发现自己的心脏已每分钟停搏3次，心脏二尖瓣关闭不全，出现回血。心脏停搏，却工作不止，为调节自己编写时胸闷、心慌等不适感，他创造性地在家里的堂屋、书房、寝室布置了三个简易书写室，用他的话说就是，"这里写闷了，再到那里写"。家人们多次劝他休息，他总是说，他要赶在中华人民共和国成立60周年前把书编好。

力释误解　正本清源

石寿贵不仅在内容上对苗族巴代文化进行了全面、系统的挖掘和整理，而且在理论研究、正本清源上也有全新的突破。

在远古的部落斗争中，苗族屡战屡败而被迫迁徙，最后散居于深山老林、险塞沟壑，成为一个不通王化、没有文字、语有差异的散居民族。外界因此对苗族文化有着许多误解：有人把苗族人民的"敬祖驱邪"误认为"重巫尚鬼"；把苗族的巴代称为"巫师""鬼师"；把祭祀中的神辞称为"巫经""巫辞"。石寿贵说："其实，苗族是个亲祖恨鬼的民族，苗族人对祖神是敬仰和尊重的，对鬼则是刻骨仇恨的。苗族的祭祀活动是紧紧围绕着祭祖驱鬼、祈福保安这条中轴线来进行的。因为祖神在苗族人心目中是光明、正直、荫佑、赐福和吉祥的化身，而鬼在苗族人的心目中则是阴暗、卑劣、祸害和灾难的代名词。因此，苗族人在各种祭祀活动中对'鬼'总是驱赶再驱赶。明明'恨鬼'，却被说成'尚鬼'，这令许多苗族人难以理解。"石寿贵以其对巴代文化的耳濡目染和大量的调查研究，提出了"蚩尤不等于巫，巴代不等于鬼，湘西人不等于土匪"的"三不等"理论，并陆续发表了《浅谈苗族巴代文化点滴》《苗族巴代文化：远古飘来的神迹》等论文于《始祖蚩尤》《中国民族》《边城文学》等刊物。这些文章以确凿的论据、严密的论证、新颖的立论赢得了许多业内人士的关注。在2006年的一次文化名人研讨会上，80多位专家被他的演讲所折服，他们纷纷请这位农民文化工作者签名，与他合影留念。2007年冬至2009年夏，他应中央民族大学石建中、麻树兰两位资深教授的邀请，参与了台湾有关研究院历史语言研究所、中央民族大学"985工程"等两岸合作出版的石启贵《民国时期湘西苗族调查实录》（300 余万字）的整理译注工作，并为该书撰写导读《从远古走来的脚印》，深受总编和整理小组的高度信任和一致好评。

去伪存真　科学传承

通过艰辛、漫长的挖掘、收集，石寿贵收集了巴代原始文化手迹 120 多册、巴代文化文物 160 多件、巴代文化活动彩图 1400 多幅，这为他编辑《苗族巴代文化系列丛书》提供了充足的事实要素。编辑之初，他给自己定了两条原则：不利于民族团结的内容不写、不利于民族进步的活动不传。在此思想的影响下，他打破"六耳不传""外姓人不传"的祖规，去粗取精、去伪存真，仅在本辈和儿辈就培育了文化传承人 10 多名。他对传承坛班和徒弟人选十分讲究。收徒讲究品学兼优、诚信文明，设坛讲究布局、协调、呼应，力求形成"巴代文化圈"。截至目前，他已传承巴代文化坛班 23 个，亲传弟子58 人，所属艺人 123 人。

不断写书是他让苗族巴代文化走向全国、走向世界、走向各民族人民心灵的重要方式。特别是 1996 年以来，石寿贵参加文化部审批、国务院七届（对台局）备案的"中国地方戏与仪式之研究"计划，与张子伟教授合作完成了《苗族巴代内坛秘籍》《苗族道场科仪本汇编》《苗族古老祭祀歌汇览》等书的编写工作。之后，二人又完成了《湘西苗师通书诠释》《湘西苗族古老歌话》《客师通书》的编写，并交送湖南师范大学出版社待出版。近年来，他又独自完成《苗师巴代雄手诀》《巴代文疏表章》等 25 集 800 余万字的《苗族巴代文化系列丛书》，其中的《苗族巴代古老歌》已处于校稿阶段，拟交由中国文联出版社出版。

石寿贵的工作得到了充分肯定，2004 年，他应中国文联、国家民委邀请，代表湖南省在南宁市参加第二届全国少数民族曲艺展演，所演节目《抱己嘎》荣获国家级三等奖。此后又获州、县文艺创作突出贡献奖、先进文学艺术工作者等荣誉，先后被湘西州接纳为"湘西文化研究会第一届理事""湘西曲艺家协会会员""湘西州首批苗族巴代文化传承人"。

临别时，他告诉笔者："近年来，党和政府为我们苗族村落通了电、通了路，苗族人民的生活和文化条件已大大改善。苗族文化已得到各级党委、政府的高度重视。作为苗族巴代文化的传承人，我没有多大的回报，但愿我呕心沥血二十多年编写的《苗族巴代文化系列丛书》能成为中华人民共和国 60周年诞辰的一件礼物，为发展民族文化、增进民族团结发挥作用。"

《团结报》2009 年 8 月 25 日第 3 版

第四篇　石寿贵整理书稿图片报道

《团结报》2009 年 12 月 15 日第 1 版

石寿贵整理《苗族巴代文化系列丛书》书稿

　　本图片附文字说明：花垣县董马库乡大洞冲村苗族巴代传承人普通农民石寿贵，20 年来，自费 30 余万元，全身心投入研究、挖掘、整理湘西苗族传统文化工作中，目前已整理完成了 800 万字、1400 余幅图片的 25 本《苗族巴代文化系列丛书》初稿，他的很多观点都引起了学术界的高度关注。图为石寿贵整理《苗族巴代文化系列丛书》书稿。

第五篇 "巴代"石寿贵

《团结报》晚报版 2011 年 9 月 11 日 A8 版面
本报记者　吴　刚

2011 年 9 月 8 日下午 5 时，湘西群山刚刚破开夜色，晨曦中，花垣县董马库乡大洞冲村 60 岁的老者石寿贵像往日一样，从心脏病及多种并发症带来的痛苦中醒来，摸索着给自己倒了杯水，吞下大把药物，然后来到案台前，打开电脑，笨拙地输入一串文字："巴代"与蚩尤传说的关系……

世代掌坛师

见过石寿贵的人，都会觉得他与他的苗族邻居们有所不同，即便他穿上典型的民族服饰。这位老者眉宇间有一股忧郁，和他用汉语对话时，在他和风细雨般的叙述中，常常会冒出一些诸如"代表天乾、阳刚、雄性、光明、温暖……"之类的句子，精准而系统。

石寿贵家族是当地著名的掌坛师，即掌管祭祀、通神等科仪的人。而石寿贵，从苗师（苗语：巴代雄）论，是第 32 代传人；从客师（苗语：巴代扎）论，是第 11 代传人；从道统论，是正一道第 18 代传人。难得的是，石寿贵的最高学历是高中，这在他那个年代，已经算是地方精英级的人物。在他家上二楼的楼梯间里，有这样一副用粉笔书写的对联"地瘠人耕石，山高牛踏云"，格律合度，意境高远，可见其文学修养非同一般。

科仪，是佛教术语，也是道教术语，含有"依科阐事"的意义，用现代语言来说，也就是祭祀、通神、祈祷、婚丧等各种礼节的程序、程式、标准、步骤的意思。由此可以看出，石寿贵从事的掌坛师一职，类似古希腊神庙里的"祭司"，又与中国古代官职"司礼"、现代活动主持"司仪"有些关联。无论是祭司、司礼还是司仪，都不仅要求担任者德高望重、充满公信力，还要求担任者掌握专门的技巧和法度程序。

以上种种解读，似乎都将石寿贵归为"神职人员"的范畴，但如果真的这样认为的话，则不仅是对石寿贵的误解，更是对这位儒雅的苗族老者的一种诬蔑。

颠覆性学说

作为苗汉兼修的掌坛师，石寿贵属于最接近苗族文化真相的那部分人。在他看来，苗师与客师虽一字之别，却差以千里。

石寿贵认为，客师是中国历史上流行过的佛道儒诸教与苗族文化、楚文化等文化中世俗迷信的那一部分交融的结果，其科仪以道家为主，混杂了大量的糟粕，其苗族文化的因子不足 20%，在苗族失去文字传承这个特定的前提下，客师成为历代汉人了解苗族核心文化的最主要渠道，成为苗族文化无可奈何的代言人，正是他们这种夹带私货的行为，导致了几乎所有可考的历代典籍中，都认为苗族是个"重巫尚鬼"的民族。

石寿贵以一个纯正的苗族巴代雄的身份，站出来告诉人们：这是一个千年大误会。在他的认知体系中，苗族并非一个崇信"万物有灵"的民族，苗族语言中的"鬼"，也与汉字"鬼"的实际意义不同。苗族中的"鬼"指的是"坏的某种必然因素"，"做鬼"即"寻找到这种坏的必然性，然后切断其联系，接上好的必然性"的行为。苗族真正的信仰实际上是"自我崇拜"，比如在祭祀祖先时，祭祀用的酒不是洒在地上，而是喝下去；祭祀用的食物要在礼仪完成后吃下去，而不是放在祭坛上让它自然烂掉，这被他们称为"我吃就是你吃，你吃就是我吃"。苗族认为祖先的勇敢、坚强、荣誉等优良品性，通过血脉传承，流转在当下活着的后代身上……因此苗师的科仪，没有超自然的能力，没有故弄玄虚的步骤，只是与自己传承的远古精神、祖先意志进行沟通，表达理想、传递尊崇之意而已……

从石寿贵的描述里，我们大致能够看到，苗族的"自我崇拜"，几乎可以等同于现代生物学的"基因意志"，而不必依赖于信仰外物；苗族的世界观，是寻找、利用天地规律和自然法则，而不是不可思议的神迹、超自然能力……这已经是唯物主义的世界观了，还闪烁着辩证法的智慧光辉。

石寿贵的这些理论，颠覆了我们的经验，颠覆了数千年来几乎所有人对苗族的认识。

死亦要正名

石寿贵希望自己的学说能够得到社会的认同，尤其是得到学术界的认同。他希望自己以掌握苗族文化核心真相的身份，也就是以巴代传人的身份，在还原苗族文化的真实面目方面有所建树。

困难的是，石寿贵的学说难以从典籍中找到印证，哪怕只言片语也没有。数千年来，世人包括绝大多数苗族人自身，都习惯性地认为苗族是一个神秘的、巫傩当道的、落后的原始民族，其精彩也只在于巫傩文化中想象力的瑰丽，而不是其哲学意义的深刻。

这些既定的现实，与石寿贵的理想之间，必然形成巨大的落差。即便是近在咫尺的吉首大学的学者们，也无法与他苟同。

1986 年以来，为了实现自己的理想，石寿贵荒废农事，孤身走遍贵州、四川、湖北、湖南、重庆等 5 省市的 20 多个县，拜访了无数的巴代坛班，磨烂了 40 多双解放鞋，行程长达 10 万多千米。通过走访，石寿贵收集了大量的巴代原始文化手迹、文物、图片，然后回到家里，伏案整理，一笔一画、一字一句、亲力亲为，为此还落下了各种疾病，日夜折磨着他。日积月累，30年后，石寿贵竟然撰写和整理了 1400 多万字的材料，相关论文、记录、叙述、手绘，堆满了二楼那间 40 多平方米的厅堂。

2000 年以来，为了加快整理速度，年过半百的石寿贵以病弱之身躯，学习电脑输入。"现在的编辑们都喜欢电子稿，我提供电子稿，也就多了些出版见报的机会。"石寿贵拿着一本《WORD 入门训练》说道。而二楼的另一间屋子里，静静地躺着被那 1400 万字材料打印坏了的 5 台打印机。

石寿贵的执着慢慢获得了社会的认可，这些年来，央视 9 频道、夹视 12 频道、辽宁电视台、德国电视一台等媒体先后对他的事迹进行了报道。遗憾的是，由于石寿贵的理论体系太具震撼力，太具颠覆性，媒体报道都侧重于他的执着精神和那些珍贵材料，而对他的学术理论实质则讳莫如深，自然也就难以获得令石寿贵满意的传播效果。

《团结报》2011 年 9 月 11 日 A8 版面

2011 年 8 月底，《团结报》等一些州直媒体与花垣县文化部门的工作人员来到董马库乡大洞冲村看望石寿贵，他感到非常欣慰，表示"传播巴代文化，为苗族文化正名，虽死无憾！"然后滔滔不绝地描述他的学说，表达他希望获得足够的资助以将满屋子书稿付梓的愿望。

此时，这位值得钦佩的老人一扫病态。秋日的阳光照在他发白的鬓角上，颇有一种神圣的质感。

第六篇　石寿贵与巴代绝技

《团结报》晚报版 2011 年 9 月 11 日 A8 版面
实习生　徐佳

　　石寿贵是巴代世家，在父亲的影响下，他自幼就对手诀、化水等巴代扎（即客师）绝技产生了浓厚的兴趣。他 7 岁时开始跟随父亲学艺，那时政治环境紧张，巴代被认为是封建迷信，遭到排斥，他只能在夜深人静或下大雨时，躲在家中的老屋，在昏暗的油灯下，接受父亲的传教。由于苗族没有文字，传教授业基本靠口传心授，天资聪颖的石寿贵，过耳不忘，用自己的耳朵、眼睛和手，将巴代绝技熟练掌握。

　　这些绝技主要包括傩戏傩舞、民俗地戏及客师在所有祭祀中需要用到的写、画、雕、扎、剪、吹、打、舞、诵、唱、文、疏、表、章、申、符、篆、咒、诀、水等。成年后，石寿贵继承了祖上的衣钵，成为祖传苗师巴代雄第 32 代掌坛师、客师巴代扎第 11 代掌坛师、民间正一道（苗族丧堂戏）坛班第 18 代掌坛师。

　　2004 年 10 月，他应中国文联、国家民委的邀请，代表湖南省在南宁市参加第二届全国少数民族曲艺展演，并荣获三等奖。他参演的节目是苗族"古老话"中最原始的神话故事《抱己嘎》（即打食人魔）。他以原汁原味的演技、流利圆熟的诵唱，获得了场内领导、专家、评委和观众的一致好评。

　　除此之外，他还收领了上百名学徒，矢志要将巴代技艺发扬光大。他的学生组成坛班，经常在花垣、保靖、吉首、古丈、凤凰、泸溪等县及湖南、贵州、四川、重庆等省市进行演艺活动。他多次为吉首市德夯国家级风景区办班授徒，并为德夯扎制了傩堂长期为游客表演。如今，他的弟子中有人已经走出湘西，在长沙、广州、深圳、张家界等地的景点常年表演，深受当地百姓和广大游客的赞赏。

第七篇　填补"文字音像"空白　传承苗族"巴代文化"

石寿贵民族文化研究成果引起国内外关注

《团结报》2011 年 10 月 7 日第 1 版

本报讯（张耀成）　"石老师的研究很有价值。""巴代文化研究很系统深刻，应得到州、县政府及有关部门的支持。"这是省政协副主席武吉海等人在考察花垣县苗族巴代文化研究成果后，于 10 月 3 日对苗族巴代文化传承人石寿贵的留言，该县苗族巴代文化研究成果已引起国内外关注。

巴代文化属于苗族主流文化，以祭祀为主要文化特质，因祭祀仪式的主持者及苗族民间信仰、苗族古文化主流的传承者被称为"巴代"而得名。花垣县苗族巴代文化传承人石寿贵通过 20 余年的收集、编撰、译注、收藏，已形成巴代文化资料 290 多本，其字数达 1000 多万，收图达 1400 多幅。

10 月 3 日上午，武吉海一行 20 多人在该县董马库乡大洞冲村石寿贵家，先后参观了其收集、编撰、译注、收藏的 74 册巴代文化资料、102 本巴代文化科仪资料、121 本巴代文化历史文献资料、151 盘巴代文化影像资料、169 件巴代文化道具法器文物、200 多张巴代文化科仪展演图片。这些巴代文化研究成果填补了巴代文化"文字音像"记录传承的空

《团结报》2011 年 10 月 7 日第 1 版

白，深得参观者赞赏。今年以来，先后有台湾、香港等地的专家学者前来参观考察。

第八篇　苗族文化有"牛人"

——一位花甲农民的文化自觉行为

《团结报》2012 年 2 月 5 日第 3 版

文/图　本报通讯员　张耀成　潘尚德　吴红艳

"石老师的研究很有价值。"这是湖南省政协副主席武吉海给他的留言。

"这才是苗族文化的研究专家!"这是画坛巨匠黄永玉对他的称赞。

"救活苗族文化的功臣。"这是《湖南日报》对他的评价。

他,一名普通的苗族农民,却成为吉首大学客座教授,并多次接受国内外数家媒体采访及各级领导专家探访。近 30 年来,他投入 30 多万元,挖掘、译注、编撰《苗族巴代文化系列丛书》,字数达 1400 多万,收集整理影像、图片、文物资料多达上千张(件),其传承、推广、展示苗族巴代文化的事迹着实令人震撼。

更为重要的是,在他的努力下,他对苗族巴代文化的独到见解和传承,使人们走出了对苗族文化"重巫尚鬼"的片面认识,对正确传承苗族文化、增进民族团结具有重要意义。

他,就是被许多人称为"苗族文化牛人"的石寿贵。

决心"牛"：心脏停搏　工作不止

现年 61 岁的石寿贵系花垣县董马库乡大洞冲村人,自幼从父学艺并兼读私塾,为其家祖传"巴代雄"(苗师)第 32 代掌坛师。作为"巴代雄"传人,2006 年,他首次提出了"苗族巴代文化"的概念。石寿贵认为,巴代是苗族特有的古代原始名词,是苗族祭祀仪式的主持者及苗族民间信仰、苗族古文化主流的传承者。巴代文化包含苗族哲学、易理、政治、军事、礼仪、道德、文体等物质和精神元素。其传承方式表现为写画雕扎剪、吹打舞诵唱、符箓咒诀水等。这样博大精深、源远流长的巴代文化被石寿贵统揽成书,其艰辛可想而知。

一次,为挖掘、收集苗族礼仪文化,石寿贵携带礼品,跋涉百里,到凤凰县两头羊乡拜访一位"巴代身身"(传承人职位称谓),但被主人关门谢客。石寿贵满身疲惫,却毫无怨言,反复上门求教,终于以自己的诚恳打动了主人。像这样携带干粮和礼品四处奔波采集资料的事，他经历过千余次。

石寿贵为挖掘苗族文化，30多年来先后深入贵州、四川、湖南、湖北、重庆等5省市的20多个县，行程达10多万千米，民间山路"吃掉"了他40多双解放鞋，脚板的血泡一次次变为老茧，脚板的老茧又一次次变成血泡。更为严重的是，长期的操心劳累使他患上了心脏病。在一次迟到的检查中，他发现自己的心脏每分钟停搏3次，心脏二尖瓣关闭不全，出现回血，只好终生服药。为调节自己编写时胸闷、心慌等不适感，他在家里的堂屋、书房、寝室布置了三个简易的工作室。用他的话说，就是"这里写闷了，再到那里写"。为提高工作效率，他还"60岁学吹鼓手"，自学电脑，并用坏了5台打印机。家人们多次劝他休息，他总是说："我哪怕累死，也要为传承苗族文化办点实事。"

理论"牛"：力释误解　正本清源

"有人认为苗族是一个'重巫尚鬼'的民族，这真是一个天大的误会。"石寿贵以其纯正的本民族"巴代雄"的身份，对以往某些人对苗族的片面认识作了颠覆性的解释。

他这样告诉笔者："苗族真正的信仰实际上是'自我崇拜'，讲究'我喝你喝''我吃你吃'。比如在祭祀祖先时，祭祀用的酒不是洒在地上，而是喝下去；祭祀用的食物要在礼仪完成后吃下去，而不是放在祭坛上让它自然烂掉。在祭祀活动中，我们不祭木偶、神像、牌位……"

在远古的部落纷争中，苗族因屡战屡败而被迫迁徙，最后散居于深山老林、险塞沟壑，成为一个散居民族。外界由此对苗族文化产生了许多误解：把苗族人民的"敬祖驱鬼"误认为"重巫尚鬼"；把苗族的巴代称为"巫师""鬼师"；把巴代祭祀中的神辞称为"巫经""巫辞"。

石寿贵认为，苗族是个亲祖恨鬼的民族，苗族人对祖神是敬仰和尊重的，而对鬼则是刻骨仇恨的。苗族的祭祀活动是紧紧围绕着祭祖驱鬼、祈福保安的主旨而进行的。因祖神在苗族人心目中是光明、正直、荫佑、赐福和吉祥的化身，而鬼在苗族人的心目中则是阴暗、卑劣、祸害和灾难的代名词，故苗族人在祭祀活动中对"鬼"总是驱赶再驱赶，"尚鬼"一说令许多苗族人难以理解。

石寿贵通过大量的调查研究，提出了"蚩尤不等于巫，巴代不等于鬼，苗族人不等于土匪"的"三不等"理论，并陆续发表了《浅谈苗族巴代文化点滴》《苗族巴代文化：远古飘来的神迹》《浅析巴代文化与巫鬼之间的关系》等30

余篇论文于《始祖蚩尤》《中国民族》《边城文学》等刊物。文章以确凿的论据、严密的论证、新颖的立论赢得了许多业内人士的关注。此外，石寿贵编写的《苗族巴代文化系列丛书》，对苗族手诀文化、自然功文化、写功文化、哲学理念文化、水文化等所涉及的神奇现象作了较为科学合理的解释。

2007 年冬至 2009 年夏，他应中央民族大学石建中、麻树兰两位资深教授的邀请，参与了台湾"中央研究院"历史语言研究所、中央民族大学"985工程"等两岸合作出版的石启贵《民国时期湘西苗族调查实录》（300 余万字）的整理译注工作，并为该书撰写导读《从远古走来的脚印》，受到了总编和整理小组的高度信任和一致好评。

传承"牛"：去伪存真　科学传承

通过艰辛漫长的工作，石寿贵使苗族文化走出了传承人流失、文献资料流失、科仪项目流失的三大困境。目前，他已形成巴代文化资料 290 多本，其字数达 1400 多万，收图 1400 多幅，巴代文化影像资料 151 盘，巴代文化道具文物 169 件。

在编撰丛书之初，他给自己定了两条原则：不利于民族团结的内容不写、不利于民族进步的活动不传。在此思想的影响下，他打破了"六耳不传""传男不传女""外姓人不传"等祖规，去粗取精、去伪存真，仅在本辈和儿辈就培植了文化传承人 10 多人。他对传承坛班和徒弟人选十分讲究，收徒讲究品学兼优、诚信文明；设坛讲究布局、协调、呼应，力求形成"巴代文化圈"。截至目前，他已传承巴代文化坛班 23 个，亲传弟子 58 人，所属艺人123 人。

不断写书是石寿贵让苗族巴代文化走向全国、走向世界、走向各民族人民心灵的重要方式。特别是 1996 年以来，石寿贵参加文化部审批、国务院七届（对台局）备案的"中国地方戏与仪式之研究"文化工程，与张子伟教授合作完成了《苗族巴代内坛秘籍》《苗族道场科仪本汇编》《苗族古老祭祀歌汇览》等书的编写工作。之后，二人又完成了《湘西苗师通书诠释》的编写。近年来，他又独自完成了《苗师巴代手诀》《巴代文疏表章》等苗族巴代文化系列丛书的编写。

石寿贵的工作得到了各级相关部门的充分肯定。2004 年，他应中国文联、国家民委邀请，代表湖南省在南宁参加第二届全国少数民族曲艺展演，所演节目《抱己嘎》荣获国家级三等奖。此后又获州、县文艺创作突出贡献奖、先进文学艺术工作者等荣誉，并先后被湘西州评选为"湘西文化研究会第一届理事""湘西曲艺家协会会员""湘西州首批苗族巴代文化传承人"。近日，他又入选了首届感动花垣十大人物评选活动候选人。

《团结报》2012 年 2 月 5 日第 3 版

第九篇　苗族老人研究巴代文化有新成果

《团结报》2012 年 5 月 27 日 A8 版面

通讯员　张耀成　潘尚德

本报讯　5 月 18 日，由花垣县董马库乡年过六旬的苗族老人石寿贵主笔并与人合著的、总字数达 150 万的《湘西苗族巴代古歌》《湘西苗族古老歌话》等 3 本苗族巴代文化著作由湖南人民出版社、湖南师范大学出版社正式出版。这是他创建"湘西苗族巴代文化研究基地"以来最精彩的一笔。

巴代文化，属于苗族主流文化，以祭祀为主要文化特质。因祭祀仪式的主持者及苗族民间信仰、苗族古文化主流的传承者被称为"巴代"而得名。苗族文化向来是心传口授，没有系统的文字记载，正面临着传承人流失、文献资料流失、科仪项目流失三大困境。石寿贵为传承苗族巴代文化，近 30 年来，克服心脏病阵痛，跋山涉水，收集整理，并先后投入 30 余万元，一直在努力创建湘西苗族巴代文化研究基地。此基地现存资料全部由石寿贵收集、撰写或整编，分理论体系、资料体系两大板块，包括历史文献 187 册、文字资料 206 册、影像资料 12 集、图片说明 28

《团结报》2012 年 5 月 27 日 A8 版

集、道具文物 159 件（套）、发表论文 38 篇、巴代文化藏书 143 册，所有资料达 1000 多万字。此基地的创建为传承苗族文化打下了扎实的基础。截至目前，已有 120 多位海内外专家学者前往此地考察。

第十篇　探访苗族巴代传承人石寿贵

《团结报》2013 年 1 月 21 日第 1 版
本报记者　唐庆　张立政
通讯员　石林荣　吴海波

2012 年 12 月 21 日，本报"学习贯彻十八大精神基层行"采访组来到花垣县董马库乡大洞冲村，探访 61 岁的苗族巴代传人石寿贵，感受苗族文化的独特魅力。

走进石寿贵二楼的房间，只见满屋子都是他挖掘、整理和收集的巴代文化研究成果，有论文、叙述、图片、光碟、手绘，大约 200 多本、2000 多万字，记者被他 30 多年来一直保护和传承苗族民族文化的坚守和执着所震撼。

石寿贵说："巴代就是苗族祭祀仪式、习俗仪式以及各种社会活动仪式这三大仪式的主持者，更是苗族文化的传承者，自古以来，巴代就普遍受到苗族人民的尊重和崇拜。"

大洞冲村是一个苗族巴代文化底蕴十分深厚的原生态村落，全村 7 个村民小组，187 户 808 人，仅巴坛班就有 9 坛，巴代 19 人，而石寿贵本人，就是其祖传"巴代雄"（苗师）第 32 代掌坛师（传人）。

"我只读过高中，研究'巴代文化'完全是出于一种责任。"石寿贵告诉记者，因父亲也是巴代传承人，留下了许多巴代文化相关的手稿和资料，如果不去研究整理，巴代文化将面临失传的困境。20 世纪 80 年代，当他用苗族巴代文化"会意造字"的表现方法在州博物馆写字时，却发现没有人看得懂。他尴尬地意识到，没有系统的文字记载，苗族文化将面临失传的危险。

从那时起，他就下决心对苗族巴代文化进行系统整理。但作为一个农民，这项工作又谈何容易？

为了实现自己的梦想，从 1986 年开始，石寿贵荒废农事，孤身一人走遍贵州、四川、湖北、湖南、重庆等 5 省市的 20 多个县，磨烂了 40 多双解放鞋，行程达 10 多万千米，拜访了无数的巴代坛班。通过走访，石寿贵收集了大量的巴代原始文化手迹、文物、图片，回到家里，他一笔一画、一字一句，认真整理资料。

为加快整理速度，1996 年开始，他购买了电脑和打印机，将所有的资料和信息全部输入电脑。30多年来,他拼凑了30余万元投入巴代文化研究工作中,已整编、译注《苗族巴代文化系列丛书》200多本,图片2000多幅,收集巴代实物160多套,整理200多册手抄文献和151盘音像资料准备出版。目前,他已出版了《湘西苗师通书诠释》和《湘西苗族古老歌话》等4本著作。这些珍贵书稿是目前我州乃至全国范围内有关巴代文化科目最齐全,内容最翔实、广泛、细致,实物彩图最丰富、生动的原生态民间传统资料,对于全方位、多视角、深层次研究苗族历史文化有着极其重要的价值和深远的意义。

石老先生的执着慢慢获得了社会的肯定和支持,《团结报》、《湖南日报》、中央电视台、德国电视台等多家媒体先后对他的事迹进行了专题报道,石寿贵和张子伟合著的《苗族巴代内坛秘籍》和《苗族道场科仪本汇编》在台湾出版发表后,引起了学术界的强烈反响。花垣县文化局专门拨给他5万元经费,州政府也一同资助他完成600多万字的科仪资料整理。

湖南省政协副主席武吉海参观后说:"巴代文化是中华民族文化的重要组成部分,其内容相当丰富,石老师的研究很有价值。"

这一切都让石寿贵更加干劲十足,尤其是党的十八大提出推进社会主义文化强国建设,更让石寿贵心潮澎湃,他说:"民族的才是世界的。下一步,我将呼吁政府成立苗族巴代文化学会,建立专门的巴代文化研究基地和传习所,出版和整理巴代文化的书籍,对巴代文化进行抢救性保护,把巴代文化活动仪式搬上世界大舞台。"

《团结报》2013年1月21日第1版

第十一篇　永不停息的交响

——听苗族巴代文化研究中心主任石寿贵谈唱苗族古歌

《团结报》2014 年 11 月 2 日晚报版 B6 头条

文/图　张耀成　龙维刚

　　秋阳高照，野菊飘香。听说湖南省的相关媒体要来花垣县拍摄苗族古歌和苗族巴代文化专题片，10 月 27 日，我们提前一天采访了苗族巴代文化研究中心主任、花垣县董马库乡大洞冲村村民石寿贵。通过促膝长谈、近距离参观，我们发现这位苗族老汉一生都在演奏一支伟大的交响乐——把生命、生活和弘扬民族文化的旋律演绎成了美妙动听的千古绝唱。

《团结报》2014 年 11 月 2 日晚报版 B6 头条

10 小时工作，力解百年心结

"咚咚咚、咚咚咚……"走到石寿贵的家里，已经是下午 1 时了。只见石寿贵在认真地演练苗族古歌，他的面前横放着一架竹柝（演奏古歌的打击乐器），右手拿着打击棒轻轻敲击，左手握着钟铃（苗族乐器）慢慢摇动，口中则念念有词地吟唱着苗族古歌。

他说："我现在每天都在研究苗族古歌，要赶在有生之年完成录入、整理工作，让苗族古歌永世相传。"作为一个农民，石寿贵不需要"上班"，但他仍坚持每天工作 10 小时，这位 63 岁的老人，向我们道出了个中原因。

早在 10 年前，他就患上了心脏病和胃病，心脏偶有停搏现象，行走艰难，走得急时，可能还会吐血。"不过，为了完成父亲的心愿，我一直强打着精神，以苦为乐，夜以继日地干着。"他没有忘记父亲百年时对他的嘱咐。

"苗族古歌是苗族文化传承的口头文献，是苗族文明进步的音韵载体。"石寿贵对苗族古歌有很深入的研究，他介绍道："苗族古歌种类达 200 余种，包括原始的和进化了的歌谣，体裁也有好几种。"接着他又向我们介绍了"二进三元复述式"体裁，如："原始，原始之时，原始之时没有大地。"此体裁按照"2 字—4 字—8 字"诵唱，同时三个词语反复出现。

苗族古歌的唱诵内容涉及苗族农事、军事、体育、习俗等若干事项。兴头上，石寿贵为我们哼唱起来："搓成棉花来纺线，纺成丝线织衣裳，按照古人作法办，娘便藤条打细纺，树叶木皮遮体面，从此节庆穿新装。"（苗族古歌《纺线》汉译）"抬得棋子拿来着，这颗棋子摆这里，上下左右走不脱，这样才能困住你。"（苗族古歌《打下三棋》汉译）

50 年守护，演绎千古绝唱

"为了不被人发现，我只有在夜深人静和打雷下雨的夜晚才能吟唱、研究。"回想起自己与苗族古歌的渊源，石寿贵脸现酸楚。20 世纪 60 年代初，10 多岁的他就开始从父学习苗族古歌。但在当时的政策环境下，苗族古歌被当成"迷信"而惨遭打压，其父也因从事苗族古歌职业，被打为"迷信职业者"，境遇十分不好。为掌握苗族古歌的历史与发展，石寿贵四处挖掘、收集、摘录。他吃过讨来的红薯、洋芋，瞒着妻子借钱、借米。"你看，这是我写的笔记，为收集资料，我还穿破了 40 多双鞋子。"他指着书柜里一堆陈旧的笔记本说道。

一月月，一年年，经过 30 余年的艰辛努力，目前，石寿贵已使苗族古歌实现了由口头传承向书面传承的跨越。他已先后出版《湘西苗族古老歌话》《湘西苗族巴代古歌》等书籍 4 本(700 多万字),已完成相关影像资料 71 集、光盘 160 多片,演播巴代苗语节目 30 多期,另有 1500 万字的关于苗族古歌的资料待出版。他本人先后被聘为湘西文化研究会理事、州曲艺家协会会员、湘西州苗族巴代传承人、巴代文化学会会长、苗族巴代文化研究中心主任等,还先后荣获国家级曲艺(巴代技艺展演)三等奖、省级优秀论文奖等 10 多种荣誉。

50 元养老金,支撑万般心愿

"苗族古歌对繁荣民族文化事业很有意义。比如,《谎江山》故事古歌,就包括了七八十个有趣的智慧故事,这对于挖掘中国影视动画题材很有用处。"石寿贵很内行地介绍道。

接着,他也道出了他目前的处境:"我已经是 63 岁的人了,可我还有 800 万字左右的苗族古歌没有录入,这些都装在我的心里和以前不规范的记录里。""我现在一天要吃 3 次药,心脏病随时可能危及生命。而我的生活资金的来源,只是我那 50 元的养老金,录入所需的资金更是没有着落。"说起自己的心愿,石寿贵有些悲观,但他仍然以自己的行动努力着。

近年来,在当地文化部门的支持下,石寿贵的工作环境比以前好了些,几千册的资料有柜子放了,办公的地方也铺上了新的地板砖,但他改善疲劳的办法仍是"换着地方写,换着地方看,换着类型想"。他在自家的堂屋、楼上设置了三处工作室,每一处他都可以用来办公、写作或聆听一曲悠远的苗族古歌。

"咚咚咚、咚咚咚……"临别时,石寿贵再次来到竹栿前,将篾弦轻击,在鲜明的节奏里,以诵唱苗族古歌的形式向大家告别:"古歌,古歌之声,古歌之声苗家文明……"

二、《湖南日报》报道部分

第一篇　花垣农民完成《苗族巴代文化系列丛书》

《湖南日报》2009 年 8 月 2 日第 1 版

通讯员　曾令广　石天元　记者　彭业忠

　　本报 8 月 1 日讯　记者今天从花垣县文化局获悉，该县农民、苗族巴代传人石寿贵历时 13 年挖掘、整理、编辑的《苗族巴代文化系列丛书》已全部完成。丛书共 10 本 600 余万字，其中的《苗师通书》和《湘西苗族古老歌话》已交由湖南师范大学出版社出版。

　　巴代是苗族祭祖仪式的主持者和苗族信仰文化的传承者，从古至今活跃在苗族的各个村庄。石寿贵是花垣县董马库乡大洞冲村人，1951 年生，高中文化，是石氏祖传苗师"巴代雄"第 32 代掌坛师和客师"巴代扎"第 11 代掌坛

《湖南日报》2009 年 8 月 2 日第 1 版

师，长期从事苗族巴代文化的挖掘、整理、研究与传承工作，是湘西土家族苗族自治州政府命名的首批"苗族巴代传人"。

第二篇　20 年如一日探寻"巴代文化"
——花垣县苗族巴代文化传承人石寿贵的故事

《湖南日报》2009 年 10 月 30 日第 8 版

通讯员　张耀成　本报记者　姚学文

10 月 27 日，全国蚩尤文化研讨会于花垣召开。会上有一位发言者特别引人注目，他就是花垣县农民石寿贵。一个农民，何以能出席如此高规格的会议，并在会上作主题发言？会后，记者特地采访了他。随着他的深情讲述，其 20 年如一日探寻"巴代文化"的故事，逐渐地明晰起来。

巴代文化，属于苗族主流文化，以祭祀为主要文化特质。因祭祀仪式的主持者及苗族民间信仰、苗族古文化主流的传承者被称为"巴代"，因而许多人也把苗族文化称为"巴代文化"。

现年 58 岁的石寿贵，是花垣县董马库乡大洞冲村人，为其家族祖传"巴代雄"第 32 代掌坛师。这位年近花甲的苗族老汉几十年来对苗族文化研究情有独钟，他历时 20 余年追寻苗族巴代文化，投入 30 多万元，挖掘、译注、主笔编撰并部分与人合作的、反映苗族文化主流的《苗族巴代文化系列丛书》在不久前全部完稿。系列丛书 26 册，字数达 800 多万，收图达 1400 多幅，可谓鸿篇巨制。其中，《苗族巴代古老歌》《苗师通书》《湘西苗族古老歌话》已与湖南人民出版社和湖南师范大学出版社签订出版合同，不日即可面世。

石寿贵追寻"巴代文化"的激情，说起来还有一个小故事。

1989 年的一天，石寿贵应湘西土家族苗族自治州博物馆的邀请，为该馆书写几副对联。当他用苗族巴代文化"会意造字"的表现方法写下两副对联后，却发现没有几个人看得懂。这令他非常尴尬，同时也使他意识到，苗族文化正面临着失传的危险。事实上，千百年来，苗族文化向来是"口传心授"，没有系统的文字记载，苗族文化正面临着传承人流失、文献资料流失、科仪项目流失三大困境。

石寿贵下定决心，要在有生之年对苗族巴代文化进行系统整理。然而，作为中华民族文化的一朵奇葩，苗族文化源远流长、内容丰富，既包含哲学、政治，也包含军事、礼仪、道德、文体等多方面的内容，可谓博大精深，要系统整理谈何容易。为传承巴代文化，20 年来，石寿贵先后深入贵州、四川、湖南、湖北、重庆等5省市的20多个县，行程达10多万千米，穿烂了40多双解放鞋，脚板上的血泡一次次变为老茧，老茧又一次次变成血泡。通过艰苦努力，石寿贵汇集了巴代原始文化手迹120多册、巴代文物160多件、巴代文化活动图片1400多张，为编辑整理《苗族巴代文化系列丛书》提供了充足的一手资料。在这一系统的整理工作中，差旅费、购买书籍资料和电脑打印机等设备的费用等加在一起，已经花了他30多万元。

　　编辑整理的过程同样艰辛。他给自己定了两条原则：不利于民族团结的内容不写、不利于民族进步的活动不传。在编辑整理丛书的过程中，他还积极培养文化传人，仅在本辈和儿辈就培养了文化传承人10多个，办传承巴代文化坛班23个，亲传弟子58人，所属艺人123人。这在苗族地区，当属首屈一指。2004年，他代表湖南省参加了在南宁举行的第二届全国少数民族曲艺展演，所演节目《抱己嘎》荣获国家级三等奖。在编写丛书之余，他独立撰写及与人合写的已经出版的有关"巴代文化"的著作有《苗族巴代内坛秘籍》《苗族道场科仪本汇编》《苗族古老祭祀歌汇览》等10余种。

《湖南日报》2009年10月30日第8版

第三篇　救活苗族文化的功臣

《湖南日报》2010 年 1 月 22 日第 11 版
王亨念

通讯《20 年如一日探寻"巴代文化"》（载于本报 2009 年 10 月 30 日第 8 版），述说了花垣县苗族巴代文化继承人石寿贵的故事，读来亲切感人。

苗族文化向来口传心授，没有系统的文字记载，正面临着传承人流失、文献资料流失、科仪项目流失三大困境。谁来抢救这宝贵的文化遗产？石寿贵！

石寿贵是一个地道的农民，却以抢救苗族巴代文化为已任，20 年如一日，全身心地投入抢救工作中。他先后深入贵州、四川、湖南、湖北、重庆等省市的 20 多个县，行程达 10 多万千米，收集苗族文化的第一手资料。他挖掘、译注的《苗族巴代文化系列丛书》计 26 册，收图 1400 多幅，达 800 多万字。他投入 30 多万元资金，培养了一批苗族文化的传人。是一种什么样的精神？是一种不计功利的奉献精神，是一种锲而不舍的拼搏精神！

石寿贵是救活苗族巴代文化的功臣！他的贡献，既光耀祖宗，又荫庇后人，可谓事迹可鉴，精神可嘉。

散落于民间的文化遗产岌岌可危，亟待石寿贵这样的文化"痴人"去抢救。

推崇石寿贵这样的文化功臣，是党报应有之责。

《湖南日报》2010 年 1 月 22 日第 11 版

第四篇　武吉海在花垣调研强调　重视巴代文化研究与传承

《湖南日报》2011 年 10 月 5 日第 2 版
通讯员　张耀成　记者　姚学文

　　本报 10 月 4 日讯　10 月 3 日，湖南省政协副主席武吉海前往花垣县，就苗族巴代文化研究与传承问题进行专题调研。武吉海要求高度重视巴代文化的研究与传承。

《湖南日报》2011 年 10 月 5 日第 2 版

　　巴代文化，属于苗族主流文化，以祭祀为主要文化特征。因祭祀仪式的主持者及苗族民间信仰、苗族古文化主流的传承者被称为"巴代"而得名。花垣县苗族巴代文化传承人石寿贵通过 20 余年收集、编撰、译注、收藏，已形成巴代文化资料 290 多本，其字数达 1000 多万，收图达 1400 多幅。

　　当天上午，武吉海一行人前往该县董马库乡大洞冲村石寿贵家，先后参观了其收集、编撰、译注、收藏的 74 册巴代文化资料、102 本巴代文化科仪资料、121 本巴代文化历史文献资料、151 盘巴代文化影像资料、169 件巴代文化道具法器文物、200 多张巴代文化科仪展演图片。当听说这些巴代文化研究成果填补了巴代文化"文字音像"记录传承的空白时，武吉海大为赞赏。武吉海说："巴代文化是中华民族文化的一个重要组成部分，内容很丰富，值得我们研究和传承，石老师的研究很有价值、很有意义，我们要好好学习。"

第五篇　花甲农民3本苗族巴代文化研究专著出版

《湖南日报》2012年5月8日第14版
通讯员　张耀成　潘尚德

本报5月7日讯　笔者获悉，由花垣县董马库乡61岁苗族老人石寿贵执笔、总字数达150万的《湘西苗族巴代古歌》《湘西苗族古老歌话》等3本苗族巴代文化研究专著，日前已由湖南人民出版社、湖南师范大学出版社正式出版。

巴代文化，属于苗族主流文化，以祭祀为主要文化特征，因祭祀仪式的主持者及苗族民间信仰、苗族古文化主流的传承者被称为"巴代"而得名。苗族文化向来是心传口授，没有系统的文字记载，正面临着传承人流失、文献资料流失、科仪资料流失三大困境。

《湖南日报》2012年5月8日第14版

为传承苗族巴代文化，石寿贵克服种种困难，收集、整理和研究这一独特的文化。同时，他还创建了苗族巴代文化研究基地。此基地现存资料全部由石寿贵收集、撰写和整编，分理论体系、资料体系两大板块，包括历史文献187册、文字资料206册、影像资料12集、图片说明28集、道具文物159件（套）、发表论文38篇、巴代文化藏书143册，所有资料字数达1000多万。此基地的创建为传承苗族文化打下了一定的基础。

第三章 诗词赞美

赠花垣县巴代学会会长石寿贵（古风）

施将维

苗寨布衣志如虹，洞冲寿贵享誉隆。
寻踪探源追蚩祖，析经考典访师翁。
吉大俊彦拜教授，学府论道面从容。
慷慨激昂拍案起，辩才无碍驳群雄。
五十年华倾巴代，青春无悔受尊崇。
著书立说资后世，鬼巫破除赖君功。

七律·赠苗族巴代文化传承人石寿贵

施将维

百里苗疆瑞气生，每思先祖泪飞倾。
茹毛饮血逃蛮地，火种刀耕避祸萌。
遥忆战神传律器，近钦巴代立坛盟。
巫傩鬼魅千年误，雄辩正名万世称。

赞广辑博采·索引探究巴代文化者石寿贵

龙廷珏

读 2011 年 9 月 11 日《团结报》A8 版所载《"巴代"石寿贵》三篇报道后有感而作：

广辑博采几十秋，巴代文化论渊由。
仪式清源得妙地，习俗持掌映心思。
直言庶口真灼见，学术文章不讳知。
索引探究归名正，江河湖海任行舟。

赞民族文化探索者

龙廷珏

读《边城文学》2011 年第 6 期所载《石寿贵让苗族文化走出"重巫尚鬼"的围城》后作：

喜得石破响云天，撼动时空岁四千。
驳议苗蛮愚昧道，理喻重巫尚鬼言。
文评旧论惊学界，笔撰新词震世贤。
巴代华章歌正气，民族文化妙音传。

致苗族文化守护者石寿贵诗一首

石明照

文化自觉薄云天，上下求索四十年。
学界笔锋贯气节，文坛论道正本源。
今脱重巫尚鬼帽，跳出苗蛮愚昧圈。
中华史诗添异彩，巴代文化万古传。

步石明照韵一首·赞巴代文化传承人石寿贵

熊民黎

苗学悟彻若海天，不负工夫五十年。
高论铜钟鸣金鼓，妙谈珠玑落玉盘。
正本清源典今后，著书立说缘史前。
苗论汉道同耀彩，巴代文化传万年。

巴代文化·精神特质

曾令广

巴代文化苗族魂，精神特质柱支撑。
苗胞散居无文字，心授口传古至今。
编注立论传后世，寿贵创举第一人。
从此正名得定位，中华文脉又一根。

巴代文化·回归明净本原

曾令广

鲲鹏展翅九云天，一跃跨越四千年。
横空扫除巫鬼帽，风云突破愚昧圈。
回归故里明净地，玉宇清澈绝尘埃。
里程界碑寿贵立，巴代文化慰先贤。

七律 · 赠石寿贵学友

龙廷珪

正好年华学运偏，熊熊烈火课桌燃。
回归乡里冰封路，身住茅庐雾绕缠。
累月经年勤垦种，跋山涉水苦寻源。
喜圆皓首青春梦，有幸登堂已甲年。

拜访苗族巴代传人石寿贵有感

杨秀林

亘古迁徙建苗岭，世代繁衍苦耕耘。
手语蕴藏经天术，巴代文化纬地纶。

谷雨采风抒怀二首

龙玉斌

2013 年 4 月 20 日　农历癸巳年　丙辰月　丙辰日　谷雨
随花垣诗词楹联学会同仁，拜访辛勤耕耘巴代文化的石寿贵老师后有感而作：

（一）

谷雨良辰聚苗寨，洞冲采风拜高贤。
巴代文化古今谈，修书贮宝人惊叹。
中华大地百花开，独秀一枝在眼前。
呕心沥血几十载，建树奇功正本源。

（二）

谷雨三月天，古苗风拂面。
感恩耕耘者，诗友来拥戴。
巴代苗文化，近者都惊叹。
中华逢盛世，民族花争艳。

采风石寿贵巴代文化感怀

龙泽恩

车驰苗山景色妍，一路欢歌尽笑颜。
久仰大师石寿贵，看望名家拜高贤。
呕心沥血撰巨著，鞠躬尽瘁树新篇。
一生奋斗四十载，民族文化万古传。

赞苗族巴代文化传承人石寿贵先生

石武刚

耕耘半百碌碌忙，跋山涉水探苗章。
非遗励志勤发奋，寿贵精神可颂扬。

赠苗族巴代文化大师石寿贵

龙泽恩

苗乡山寨一奇葩，继承传统是名家。
著书立说传后世，民族文化耀中华。

咏巴代文化三首

届辉平

（一）

巴代文化渊源长，传承千年放芬香。
手诀口授非等闲，过硬功夫四海扬。

（二）

闪闪刀梯入云边，手攀脚登舞翩翩。
巴代文化真功夫，世人未识深闺眠。

（三）

铧犁金汤化万物，巴代脚踏似觉无。
蚩尤后人功夫深，信步炼丹老君炉。

草根专家石寿贵

石兴文

田间地头耕作忙，偷闲奋笔书华章。
研究巴代五十载，高名传遍四大洋。

访巴代文化研究基地

龙廷珪

日时不计深山谷，炼石只身补漏天。
脚踏手摩亲玉润，乾头坤底月团圆。
苗家山寨人义重，瘠岭坡前客心欢。
火种刀耕除旧岁，新歌古韵万年传。

古风一首·赞石寿贵先生

石武刚

果雄文化源远长，深闺似在人未尝。
非遗传承群参与，寿贵传承永领场。

桂枝香·访石老

龙基荣

清明圣代，正景气宜人，锦绣苗寨。秀丽花开鲜艳，贵家独黛。继承千古苗文化，祭祖先、发表高才。呕心沥血，钻研刻苦，桂枝独占。

想当年，博书浩海。走访转苗山，果雄游遍。苗古高深造诣，三生有幸临府院。话一席，受益匪浅。锲而不舍，如琢如磨，好学是岸。

第四章 石寿贵巴代文化研究基地简介

为了弘扬苗族文化，抢救面临传承人流失、科仪资料流失、原生态活化石流失、正在脱节和变质的巴代文化，把巴代文化打造成苗族文化品牌，使苗族能从历史上所定格的"重巫尚鬼"的民族的误区里解放出来，还原苗族文化及其先人文明道德的实质与本来面目，自 1969 年以来，石寿贵费尽家中的人力、财力和物力，投资近 40 万，于湖北、贵州、四川、湖南、重庆及周边广泛深入地收集巴代资料，加上本家苗师"巴代雄"32 代祖传、客师"巴代扎"11 代祖传、道坛师 18 代祖传资料和其此前所发表的 50 余篇有关巴代文化论文，进行整理、译注，在此基础上建立了"石寿贵巴代文化研究基地"，为国内外从事研究人类学、民族学特别是研究苗族及苗族文化的学科机构和单位提供第一手田野资料。具体内容如下：

第一类：基础篇，共 10 本。分别是：《许愿标志》《手诀》《神符》《巴代法水》《巴代道具法器》《文疏表章》《纸扎纸剪》《巴代音乐》《巴代查病书》《湘西苗族民间传统文化丛书通读本》。

第二类：苗师科仪，共 20 本。分别是：《接龙》（第一、二册），《汉译苗师通鉴》（第一、二、三册），《苗师通鉴》（第一、二、三、四、五、六、七、八册），《苗师"不青"敬日月车祖神科仪》（第一、二、三册），《敬家祖》，《敬雷神》，《吃猪》，《土昂找新亡》。

第三类：客师科仪，共 10 本。分别是：《客师科仪》（第一、二、三、四、五、六、七、八、九、十册）。

第四类：道师科仪，共 5 本。分别是：《道师科仪》（第一、二、三、四、五册）。

第五类：侧记篇，共 4 本。分别是：《侧记篇之守护者》《巴代仪式图片汇编》《预测速算》《傩面具图片汇编》。

第六类：苗族古歌，共 14 本。分别是：《古杂歌》，《古礼歌》，《古阴

歌》,《古灰歌》,《古仪歌》,《古玩歌》,《古堂歌》,《古红歌》,《古蓝歌》,
《古白歌》,《古人歌》(第一、二册),《汉译苗族古歌》(第一、二册)。

第七类：历代手抄本扫描,共 13 本。

以下是有关资料的详细介绍。

石寿贵巴代文化文稿资料陈列室所展示的部分书稿

一、巴代文化简述

每个民族都有属于本民族的文化因子，在这个因子上所形成的文化信念，建立起的文化基因平台，以及所树立起来的文化品牌，成为本民族区别于其他民族的独特文化。

每个民族要想跨入世界先进民族之林，都必须要创建、树立自己的核心文化，即能造福人类的文化高点、亮点、精神、气节、符号和品牌。唯有如此，才能使本民族生生不息、发展壮大、兴旺发达、繁荣富强，才能称得上一个先进的民族、一个文明的民族、一个伟大的民族，才能稳稳当当地屹立于世界先进民族之列，。

苗族是一个悠久、古老的民族。苗族的文化因子是什么呢？是"巴代"，是"巴代文化"。巴代文化的核心哲学思想就是人类真性的"自我不灭论"。人类的自我真性是永存的，是永恒的，从而形成以"自我崇拜"或"崇拜自我"为核心信念的文化因子，这就是苗族不同于其他民族的文化基因。这种因子形成了民族生存发展的精神力量。这种以"自我崇拜"或"崇拜自我"为信念的文化因子，是实实在在地存在着的。

正是苗师"巴代雄"所奉行的这个"自我不灭论"宗旨教义、所行持的"自我崇拜"的教条教法，涵盖了极具广泛意义上的人类学、民族学、哲学文化领域中的人类求生存发展、求幸福美好的实质文明。也正是这种自我真性崇拜的文化因子，形成了我们民族的文化自信，锻造了民族的灵魂素质，塑造了民族的精神气节，坚定了民族自生自存、自立自强的潜在意识，产生出了民族生生不息、发展壮大的有生力量。这就充分说明，苗族的巴代文化，既不是信鬼信神的巫鬼文化，也不是"重巫尚鬼"的巫傩文化。这就是巴代文化和巫鬼、巫傩文化根本性的区别所在。

乡土的草根文化是民族传统文化体系的基因库，只要正向、确切、适宜地打开这个基因库，我们就能找到民族的根和魂，感触到民族文化的神和命。巴代作为古代苗族主流文化的传承者，作为一个强大的精神符号，作为一个族群社会民众的集体意识，作为支撑古代苗族生存发展、生生不息的强大的精神支柱和崇高的文化图腾，作为苗族发展史、文明史曾经的中流砥柱，作为中华民族文化中的亮丽一簇，从来未被较为全面系统地披露过。

中国苗族，与世界上的犹太族一样灾难深重、文明和古老。涿鹿之战后，苗族便开始进入漫长的大逃亡、大迁徙的历史时期，从而使自身成为没有文字、不通王化、遗存母系社会风范、散居边远沟壑山区、封闭保守的民族。直到中华人民共和国成立后，苗族人民才从几千年以来的饱受民族歧视、封建压迫的灾难中解脱出来，才翻身当家做了主人，过上了美满幸福的生活。是什么因素把灾难深重的苗族从远古一直带到了近代？而苗族文化的根、魂、神、质、形、命又是什么？苗族的哪一种文化才是具有本民族代表性的文化符号和文化品牌？神秘湘西、文化湘西的核心要素是什么？回答这些问题的切入点和突破口在哪里？关于这几个问题，学术界至今都还没有明确的定论和答案。

巴代，在其他省份和地区被称为"刀香、江香、刀沙、巴眉、巴牙"等，而湘西绝大部分地区称其为巴代。这些都是苗族特有的原始名词，其"巴"者为阳性、为上、为主、为刚，为主流之意。"代"者，为儿、为下、为从、为传承接代之意，两字合为主流文化的传承者。比如在当今"非遗"保护名录中的椎牛吃牯脏、古老话、傩歌、绺巾舞、傩戏、古歌、上刀梯、接龙、习俗、绝技等，没有一项不是由巴代传承下来的，这些只不过是巴代仪式中的一个小支系而已。因为巴代所传承的是苗族的多元文化，故不能单纯地称其为祭师、老司、法师，更不能称为巫师和鬼师，巴代只能称为巴代。

有人认为巴代文化就是巫傩文化，其实不然，二者的根本区别在于：巫鬼文化是人类蒙昧时期的产物，而巫傩文化是人类进入野蛮时期的产物，二者皆是全人类共同所有的文化，其实质就是鬼神文化。巴代文化是苗族先民在特殊历史条件下为了维护本民族的生存和发展而创造出的独特文化，其实质是精神文化。苗族祭祀的对象既不是神像，也不是牌位，更不是木偶，而是舅爷或德高望重的寨老，或龙公龙婆坐坛接受供奉，他们全是活人而不是鬼神。其献供时的神辞"我喝你喝、我吃你吃"就充分说明了这一点，即我便是我的祖先，我的祖先便是我，祖先虽亡，但其血液基因却保留在了我的身上。也就是说，苗族祭祀敬奉的是活人，是自我，这个自我大到我们人类、国家，小到我家、我身、我心、我形。奉行的是自我崇拜，宣扬的是自我不灭论，即我命在我而不在天，更不在鬼神，一切都要靠自我去努力、去奋斗、去实现有利于生存和发展之目的，是靠精神而不去依赖鬼神。这是苗族曾经的历史与文化符号，是巴代文化与巫傩文化的根本区别所在。

巴代是古代苗族祭祀仪式、习俗仪式、各种社会活动仪式的主持者，更是苗族主流文化的传承者。因为苗族战败迁徙、四散逃亡、没有文字、不通王化、封闭保守等因素，再加上历史条件的限制与束缚，为了民族的生存和发展，苗族先人以巴代所主持的这三大仪式来传承苗族文化的原生基因、本根元素、全准信息等这些只可意会、不可言传的隐性文化实质。因为这三大仪式的主持者叫巴代，故其所传承、主导、影响的苗族主流文化又被称为巴代文化，巴代也就自然而然受到苗族人民的尊重、信任和崇敬。

简单说来，巴代文化包括了苗族生存发展、生产生活、伦理道德、物质精神等各个领域的文化。它是有效地记录与传承苗族文化的大乘载体、百科全书以及活化石，是带领苗族人民从远古一直走到近代的精神支柱，是苗族文化的根、魂、神、质、形、命的基因实质，是具有苗族代表性的文化符号与文化品牌，是神秘湘西、文化湘西的基本要素。

二、巴代文化基地相关书稿目录

（一）基础篇

《手诀》

第一篇　客师手诀

001. 天诀

002. 阴仪诀

003. 乾诀

004. 男诀

005. 盖诀

006. 扑诀

007. 动诀

008. 地诀

009. 阳仪诀

010. 坤诀

011. 女诀

012. 静诀

013. 仰诀

014. 迎奉诀

015. 伏乞诀

016. 求诀

017. 造化诀

018. 和合诀

019. 天地交泰诀

020. 天设地造诀

021. 天动地静诀

022. 阴阳诀

023. 两仪诀

024. 乾坤诀

025. 交合诀

026. 发旺诀

027. 大金刀诀

028. 剑诀

029. 刀诀

030. 斩诀

031. 令箭诀

032. 单礼诀

033. 双礼诀

034. 指示诀

035. 师刀诀

036. 小金刀诀

037. 长枪诀

038. 短枪诀

039. 铜棍诀

040. 铁棍诀

041. 铜板诀

042. 铁板诀

043. 板子诀

044. 夹棍诀

045. 链子诀

046. 金链子诀

047. 银链子诀

048. 铜链子诀

049. 铁链子诀

050. 第三金刀诀

051. 毫光诀

052. 大毫光诀

053. 神光诀

054. 仙光诀

055. 阴光诀

056. 千里眼诀

057. 开光诀

058. 闭光诀

059. 天桥诀

060. 地桥诀

061. 阴桥诀

062. 阳桥诀

063. 阴阳二桥诀

064. 叉诀

065. 金叉诀

066. 银叉诀

067. 铜叉诀

068. 铁叉诀

069. 阴阳二叉诀

070. 钩诀

071. 铁钩诀

072. 铜钩诀

073. 银钩诀

074. 金钩诀

075. 倒钩诀

076. 阴钩诀

077. 阳钩诀

078. 阴阳二钩诀

079. 钩魂诀

080. 杀诀

081. 天杀诀

082. 地杀诀

083. 杀妖诀

084. 阴杀诀

085. 阳杀诀

086. 杀邪诀

087. 阴阳杀诀

088. 杀蛊婆诀

089. 杀恶风诀

090. 杀怪异诀

091. 杀诅咒诀

092. 杀毒誓诀

093. 相斗诀

094. 斗雨诀

095. 托诀

096. 架碗诀

097. 祖师诀

098. 请师诀

099. 叩师诀

100. 加持诀

101. 子宫祖师诀

102. 丑宫祖师诀

103. 寅宫祖师诀

104. 卯宫祖师诀

105. 辰宫祖师诀

106. 巳宫祖师诀

107. 午宫祖师诀

108. 未宫祖师诀

109. 申宫祖师诀

110. 酉宫祖师诀

111. 戌宫祖师诀

112. 亥宫祖师诀

113. 护师诀

114. 罩师诀

115. 保师诀

116. 藏师诀

117. 念师诀

118. 拜师诀

119. 嘱师诀

120. 敬师诀

121. 侍师诀

122. 观想诀

123. 礼师诀

124. 浴神诀

158. 五子登仙养老诀

159. 七子登仙养老诀

160. 九子登仙养老诀

161. 化水诀

162. 龙王吐水诀

163. 双龙吐水诀

164. 三龙吐水诀

165. 五龙吐水诀

166. 化符诀

167. 化井诀

168. 化牢井诀

169. 天牢地井诀

170. 点穴诀

171. 点子穴诀

172. 点丑穴诀

173. 点寅穴诀

174. 点卯穴诀

175. 点辰穴诀

176. 点巳穴诀

177. 点午穴诀

178. 点未穴诀

179. 点申穴诀

180. 点酉穴诀

181. 点戌穴诀

182. 点亥穴诀

183. 撑诀

184. 铜撑诀

185. 铁撑诀

186. 撑天诀

187. 撑地诀

188. 撑井诀

189. 撑牢诀

190. 锁诀

191. 金锁诀

192. 银锁诀

193. 铜锁诀

194. 铁锁诀

195. 阴锁诀

196. 阳锁诀

197. 双锁诀

198. 单锁诀

199. 倒锁诀

200. 锁坛诀

201. 锁链诀

202. 双锁钥诀

203. 单锁钥诀

204. 倒锁钥诀

205. 锁头诀

206. 锁腰诀

207. 锁尾诀

208. 锁身诀

209. 锁邪诀

210. 锁心诀

211. 锁下坛诀

212. 锁阴界诀

213. 锁阳界诀

214. 锁天门诀

215. 锁地门诀

216. 锁东诀

217. 锁南诀

218. 锁西诀

219. 锁北诀

220. 锁中央诀

221. 链诀

222. 铁链诀

223. 铜链诀

224. 银链诀

225. 金链诀

226. 阴链诀

227. 阳链诀

228. 扣链诀

229. 捆链诀

230. 连环诀

231. 锁链诀

232. 死链诀

233. 宝盖诀

234. 铜宝盖诀

235. 铁宝盖诀

236. 金宝盖诀

237. 金铁银宝盖诀

238. 盖天诀

239. 盖地诀

240. 盖阴诀

241. 盖阳诀

242. 盖东诀

243. 盖南诀

244. 盖西诀

245. 盖北诀

246. 盖中诀

247. 盖坛诀

248. 盖堂诀

249. 盖伞诀

250. 镇压诀

251. 压邪诀

252. 压怪诀

253. 压病诀

254. 压鬼诀

255. 压灾诀

256. 压恶诀

257. 压口嘴诀

258. 压官非诀

259. 压火诀

260. 压野心诀

261. 压狂妄诀

262. 压嚣张诀

263. 压头诀

264. 压煞诀

265. 压东诀

266. 压南诀

267. 压西诀

268. 压北诀

269. 压中诀

270. 封诀

271. 封牢诀

272. 封井诀

273. 封阴诀

274. 封阳诀

275. 封鬼诀

276. 封神诀

277. 封门诀

278. 封山诀

279. 封路诀

280. 封口诀

281. 封斋诀

282. 封地狱门诀

283. 封坛诀

284. 封丧诀

285. 封漏诀

286. 封灶口诀

287. 封恶风诀

288. 封东诀

289. 封南诀

290. 封西诀

291. 封北诀

292. 封中诀

293. 封七十二庙诀

294. 封五岳诀

295. 封洞诀

296. 封官非诀

297. 封失破耗散诀

298. 封阴火诀

299. 马诀

300. 大马诀

301. 小马诀

302. 阴马诀

303. 阳马诀

304. 天神马诀

305. 地神马诀

306. 水神马诀

307. 阳神马诀

308. 赤鬃大马诀

309. 银鬃大马诀

310. 高头大马诀

311. 龙车大马诀

312. 飞天马诀

313. 地马诀

314. 快马诀

315. 回马诀

316. 车诀

317. 天车诀

318. 地车诀

319. 阴车诀

320. 阳车诀

321. 金车诀

322. 银车诀

323. 铜车诀

324. 铁车诀

325. 车诀

326. 小车诀

327. 炮诀

328. 铜炮诀

329. 铁炮诀

330. 阴炮诀

331. 阳炮诀

332. 将军大炮诀

333. 将车小炮诀

334. 合炮诀

335. 天炮诀

336. 地炮诀

337. 神炮诀

338. 仙炮诀

339. 鬼炮诀

340. 雷炮诀

341. 三连九炮诀

342. 礼炮诀

343. 大将军诀

344. 武哨大弁诀

345. 大元帅诀

346. 红黑大帽诀

347. 金盔诀

348. 银盔诀

349. 铜盔诀

350. 铁盔诀

351. 神盔诀

352. 小将军诀

353. 武哨小弁诀

354. 铜柱诀

355. 铁柱诀

356. 撑天柱诀

357. 将军大柱诀

358. 将军小柱诀

359. 神柱诀

360. 红黑小帽诀

361. 小盔诀

362. 兵盔诀

363. 头盖诀

364. 三元将军诀

365. 三礼三拜诀

366. 三生万物诀

367. 三堂诀

368. 三分诀

369. 三道诀

370. 三山诀

371. 三清诀

372. 三迎三请诀

373. 三合诀

374. 三元诀

375. 三昧诀

376. 四员枷铐诀

377. 四季诀

378. 四通诀

379. 四海诀

380. 四象诀

381. 四面诀

382. 四大天王诀

383. 五营兵马诀

384. 五方五位诀

385. 五龙诀

386. 五虎诀

387. 五道诀

388. 五岳诀

422. 八门诀

423. 八八六四诀

424. 八八圆满诀

425. 八轮诀

426. 八盘诀

427. 牛角诀

428. 铜号诀

429. 铁号诀

430. 长号诀

431. 短号诀

432. 阴号诀

433. 阳号诀

434. 双吹双号诀

435. 神号诀

436. 鬼号诀

437. 穿山过海诀

438. 穿坡过岭诀

439. 穿岩过洞诀

440. 穿壁过墙诀

441. 穿弯过坳诀

442. 空肠过肚诀

443. 穿骨过肉诀

444. 穿火过罡诀

445. 城墙诀

446. 铜城墙诀

447. 铁城墙诀

448. 岩城墙诀

449. 土城墙诀

450. 隔挡诀

451. 阳隔诀

452. 阴隔诀

453. 天隔诀

454. 地隔诀

455. 水隔诀

456. 火隔诀

457. 人隔诀

458. 神隔诀

459. 鬼隔诀

460. 围隔诀

461. 封挡诀

462. 阻隔诀

463. 挡风诀

464. 护面诀

465. 护坛诀

466. 保安诀

467. 护身诀

468. 牛头诀

469. 单叉诀

470. 双叉诀

471. 抵门诀

472. 关门诀

473. 封门诀

474. 锁门诀

475. 拴门诀

476. 闭门诀

477. 塞门诀

478. 大门诀

479. 小门诀

480. 阴门诀

481. 阳门诀

482. 鬼门诀

483. 神门诀

484. 天门诀

485. 地门诀

486. 山门诀

487. 火门诀

488. 风门诀

489. 水门诀

490. 岩门诀

491. 木门诀

492. 铜门诀

493. 铁门诀

494. 怪门诀

495. 虎头诀

496. 白虎诀

497. 过山虎诀

498. 兽王诀

499. 麒麟诀

500. 狮子诀

501. 黄斑饿虎诀

502. 魁头诀

503. 红虎大王诀

504. 咬鬼诀

505. 吃鬼诀

506. 咬邪精诀

507. 咬邪师魂诀

508. 咬蛊诀

509. 吃蛊婆魂诀

510. 咬怪诀

511. 吞鬼诀

512. 吞风诀

513. 吞邪精诀

514. 吞怪诀

515. 吞食魔王诀

516. 吞唉诀

517. 大吞诀

518. 吞煞诀

519. 吞天诀

520. 吞地诀

521. 吞日诀

522. 吞月诀

523. 千里眼诀

524. 千里照诀

525. 照妖诀

526. 现形诀

527. 光明诀

528. 豪光诀

529. 金光诀

530. 日光诀

531. 月光诀

532. 星光诀

533. 神光诀

534. 铜照诀

535. 铁照诀

536. 顺风耳诀

537. 鬼报信诀

538. 千里音诀

539. 耳报诀

540. 听魔音诀

541. 探邪诀

542. 香炉诀

543. 金仓诀

544. 银库诀

545. 钱仓诀

546. 米库诀

547. 东河东海诀

548. 南河南海诀

549. 西河西海诀

550. 北河北海诀

551. 中河中海诀

552. 五湖四海诀

553. 十二盘洋大海诀

554. 酒杯诀

555. 金杯银碗诀

556. 金勺诀

557. 银筷诀

558. 水碗诀

559. 二龙圣水诀

560. 龙宫诀

561. 绞诀

562. 阴绞诀

563. 阳绞诀

564. 铜绞诀

565. 铁绞诀

566. 天绞诀

567. 地绞诀

568. 神绞诀

569. 仙绞诀

570. 邪绞诀

571. 鬼绞诀

572. 盾牌诀

573. 阴盾诀

574. 阳盾诀

575. 金盾诀

576. 银盾诀

577. 铜盾诀

578. 铁盾诀

579. 护身诀

580. 护心诀

581. 护胸诀

582. 阴护诀

583. 阳护诀

584. 隔挡诀

585. 阴挡诀

586. 阳挡诀

587. 挡前诀

588. 挡后诀

589. 挡风诀

590. 挡雨诀

591. 阴手诀

592. 阳手诀

593. 阴收诀

594. 阳收诀

595. 阴除诀

596. 阳除诀

597. 护阴魂诀

598. 护阳魂诀

599. 扫除诀

600. 天扫诀

601. 地扫诀

602. 阴扫诀

603. 阳扫诀

604. 收魂上身诀

605. 收惊诀

606. 除晦气诀

607. 除灾殃诀

608. 除口嘴诀

609. 除官非诀

610. 除病解痛诀

611. 除邪气诀

612. 手弹诀

613. 阴手弹诀

614. 阳手弹诀

615. 金手弹诀

616. 银手弹诀

617. 铜手弹诀

618. 铁手弹诀

619. 打魔弹诀

620. 打邪弹诀

621. 打神弹诀

622. 打鬼弹诀

623. 雷筒大炮弹诀

624. 天炮弹诀

625. 地炮弹诀

626. 弓箭诀

627. 阴弓诀

628. 阳弓诀

629. 金弓诀

630. 银弓诀

631. 铜弓诀

632. 铁弓诀

633. 神弓诀

634. 鬼箭诀

635. 弩弓诀

636. 弩箭诀

637. 穿心箭诀

638. 射风诀

639. 射妖诀

640. 射怪异诀

641. 射邪师诀

642. 仙鹅诀

643. 飞身诀

644. 神鸟诀

645. 仙鹤诀

646. 腾云诀

647. 驾雾诀

648. 度仙诀

649. 铜背诀

650. 铁背诀

651. 步罡诀

652. 天罡斗数诀

653. 紫府步虚诀

654. 踏罡斗步诀

655. 斗府朝礼诀

656. 法堂朝礼诀

657. 正坛朝礼诀

658. 正殿朝礼诀

659. 送神诀一

660. 送神诀二

661. 送神诀三

662. 送神诀四

663. 送瘟诀

664. 遣怪诀

665. 送灾诀

666. 驱鬼诀

667. 赶杀诀

668. 追杀诀

669. 洞府诀

670. 阴洞诀

671. 阳洞诀

672. 仙洞诀

673. 神洞诀

674. 鬼洞诀

675. 桃源仙洞诀

676. 华山洞府诀

677. 仙道洞天诀

678. 溪源潭洞诀

679. 五岳洞天诀

680. 五庙神洞诀

681. 无名山洞诀

682. 围兵诀

683. 围界诀

684. 围山诀

685. 围城诀

686. 围墙诀

687. 围杀诀

688. 围剿诀

689. 围魔诀

690. 围水诀

691. 铜围诀

692. 铁围诀

693. 围东诀

694. 围南诀

695. 围西诀

696. 围北诀

697. 围中诀

698. 围天诀

699. 围地诀

700. 围阴诀

701. 围阳诀

702. 管兵诀

703. 锁兵诀

704. 制兵诀

705. 拢兵诀

706. 团兵诀

707. 合兵诀

708. 发兵诀

709. 收兵诀

710. 进兵诀

711. 退兵诀

712. 歇兵诀

713. 扎兵诀

714. 激兵诀

715. 乐兵诀

716. 和合诀

717. 和好诀

718. 同心诀

719. 贴心诀

720. 南蛇诀

721. 大莽诀

722. 穿山诀

723. 过海诀

724. 穿弯诀

725. 过坳诀

726. 穿坡诀

727. 过岭诀

728. 大穿诀

729. 堂屋诀

730. 中堂诀

731. 神坛诀

732. 凡间诀

733. 中厅诀

734. 大门诀

735. 阳界关口诀

736. 楼门诀

737. 当坊土地诀

738. 五方土地龙神诀

739. 鱼神肉神堂诀

740. 阴界关口诀

741. 山川洞神诀

742. 山神堂诀

743. 先祖堂殿诀

744. 阴界第二天诀

745. 族堂祖殿诀

746. 阴间神堂诀

747. 岳王大堂诀

748. 阴界最高天诀

749. 万年本殿诀

750. 桃源上洞诀

751. 第一洞天诀

752. 许愿洞诀

753. 桃源中洞诀

754. 第二洞天诀

755. 摧愿洞诀

756. 桃源下洞诀

757. 第三洞天诀

758. 钩愿洞诀

759. 桃源洞脑诀

760. 阴山平川诀

761. 铜榔诀

762. 铁界诀

763. 后山州诀

764. 后山殿诀

765. 五岳尖山诀

766. 五岳平山诀

767. 华山庙堂诀

768. 五岳神庙诀

769. 五岳圣主诀

770. 五盟诀

771. 铜尖诀

772. 铁尖诀

773. 金键诀

774. 银键诀

775. 阴键诀

776. 阳键诀

777. 大键诀

778. 小键诀

779. 铜栓诀

780. 铁栓诀

781. 铜关诀

782. 铁关诀

783. 回驴诀

784. 转步诀

818. 斩妖诀

819. 斩煞诀

820. 斩邪精诀

821. 大砍诀

822. 小砍诀

823. 双砍诀

824. 单砍诀

825. 魑魅魍魉诀

826. 鬼怪诀

827. 邪精诀

828. 邪魔诀

829. 妖鬼诀

830. 恶煞诀

831. 长凳诀

832. 香案诀

833. 塞海诀

834. 塞岗诀

835. 堵漏诀

836. 塞孔诀

837. 填空诀

838. 上镇豺狼虎豹诀

839. 下踏溪源水口诀

840. 指地成钢诀

841. 塞地狱门诀

842. 制天诀

843. 制地诀

844. 制坤诀

845. 八尺角诀

846. 怪头诀

847. 鬼角诀

848. 倒毛衣诀

849. 怪尾诀

850. 倒叉诀

851. 上元盘古肚诀

852. 中元盘古肚诀

853. 下元盘古肚诀

854. 上洞梅山诀

855. 上洞尤祖诀

856. 中洞梅山诀

857. 中洞神祖诀

858. 下洞梅山诀

859. 下洞王祖诀

860. 上八洞神仙诀

861. 中八洞神仙诀

862. 下八洞神仙诀

863. 弹水诀

864. 解荤腥诀

865. 净坛诀

866. 荡秽诀

867. 开天门诀

868. 闭地户诀

869. 升天界诀

870. 灯花诀

871. 蜡烛诀

872. 火把诀

873. 神灯诀

874. 阴筶诀

875. 阳筶诀

876. 顺筶诀

877. 蚩尤刀诀

878. 绺巾诀

879. 马鞭诀

880. 牌筶诀

881. 金盔诀

882. 银甲诀

883. 梳头诀

884. 洗脸诀

885. 免灾诀

886. 琉璃瓦屋诀

887. 金堂瓦殿诀

888. 茅舍诀

889. 金床银床诀

890. 龙公绞椅诀

891. 捆鬼诀

892. 捆妖诀

893. 捆煞诀

894. 捆怪诀

895. 捆魔诀

896. 链鬼诀

897. 链妖诀

898. 链煞诀

899. 链怪诀

900. 链魔诀

901. 打五鬼诀

902. 赶五鬼诀

903. 锁五鬼诀

904. 割草诀二

905. 砍树诀二

906. 开荒诀

907. 除草诀一

908. 播种诀

909. 插秧诀

910. 收割诀

911. 刀耕诀

912. 火种诀

913. 上仓诀

914. 满仓诀

915. 划船诀

916. 木筏诀

917. 普渡诀

918. 追魂诀

919. 抢魂诀

920. 保魂诀

921. 太阳诀

922. 太阴诀

923. 紫微诀

924. 三光诀

925. 祥云诀

926. 五色云诀

927. 乌云盖天诀

928. 天平诀

929. 地平诀

930. 人平诀

931. 鬼平诀

932. 阴平诀

933. 阳平诀

934. 平诀

935. 九宫诀

936. 八卦诀

937. 紫白诀

938. 九州诀

939. 八方诀

940. 八面诀

941. 飞宫诀

942. 剪刀诀

943. 金剪诀

944. 银剪诀

945. 铜剪诀

946. 铁剪诀

947. 阴剪诀

948. 阳剪诀

949. 大秤诀

950. 小秤诀

951. 金秤诀

952. 银秤诀

953. 阴秤诀

954. 阳秤诀

955. 升斗印量诀

956. 泰山压顶诀

957. 移山倒海诀

958. 大拦诀

959. 小拦诀

960. 短隔诀

961. 大短隔诀

962. 小短隔诀

963. 大钩连诀

964. 小钩连诀

965. 阳抱阴诀

966. 阴抱阳诀

967. 开锁诀

968. 十二通天大旗诀

969. 十二统兵大将诀

970. 八抬大轿诀

971. 八抬小轿诀

972. 阴阳二轿诀

973. 祖师令箭诀

974. 老君大印诀

975. 玉皇大印诀

976. 老君大令诀

977. 玉皇大令诀

978. 山诀

979. 水诀

980. 岩诀

981. 土诀

982. 火诀

983. 树木诀

984. 花草诀

985. 阴诀

986. 阳诀

987. 上诀

988. 下诀

989. 前诀

990. 后诀

991. 左诀

992. 右诀

第二篇　苗师手诀

001. 意记送斗，依达穷炯

　　　Yid jid songb doud, yid dal njongb jongx

　　　黄蜡香碗，蜡香糠烟

002. 勇拢穷熊

　　　Yongl longl njongb xongt

　　　竹筒竹栿

003. 吉走抗闹

　　　Ob zeud kangb nhob

　　　骨筶神卦

004. 穷力穷梅

　　　Njong bix njngb mel

　　　祭祖铜铃

005. 纵寿吉标秋代吉竹

　　　Zongl sheux jib bloud, qeub det jid zhus

　　　家中祖坛，家内祖殿

006. 贵汝产娥棍空，录汝吧图棍得

　　　Nguil rub cat ngongl ghuib kongx, nhul rub beab ndux ghub deb

　　　尊贵的千位祖师，尊敬的百位宗师

007. 几得久挤、吉秋出列

　　　Jid del jiud gid、jid qeub chud lieb

　　　煮酒之火炉、煮饭之火坑(火堂)

008. 锐锐告勾，让让告公

Reit reit ghob goub, rangb rangb ghob gongt

徐徐归路，缓缓归道

009. 几江吉共

Jid jiangl jid nghongb

搬运扛抬

010. 吾斩查齐，吾龙漂明

Ub zanl nzead nqit, ub nongb pleub mlongl

泉水洗洁，清水漂净

011. 江林达纵刚棍，江照吉秋学猛

Jiangb liongl dat zongb gangt ghuongt, jiangb zhot jid qeub xiob mongt

摆在敬神堂中，搁在敬祖堂内

012. 达齐这汝，达恩泻格

Deal nqit zheb rub, deal ngongx nied nggex

净盘好碗，银盘金碗

013. 几查吉弄柔渣，吉然吉弄柔然

Jid ncax jid longb roux hcoux, ncax jid reab jid longb roux reab

磨在磨岩之上，搓在磨石之面

014. 猛单吉就，会送吉孺

Mongl dand ghob jlus, feib songb ghob rud

去到竹林，赶到竹园

015. 堵拢吧告斗补，岔图照告然洞

Dud longd blat ghob doul bul, cheab ndub zhob ghob real dongt

砍竹五面山头，伐树六面山上

016. 几江长勾，吉共长公

Jid jangl zhangl goud, jid ghongb zhangl gongt

抬着回转，扛着回来

017. 意拢齐齐，喂乔嘎嘎

Yid longl gid, gid wed njob nggad nggad

砍竹齐齐，破竹喳喳

018. 喂斗得寿，产见头果

Wel doud del sheud, cant jand ndeud ghuet

我本弟子，剪成长钱

019. 提周炮节，提尖炮抓

Ntil zhoub pob jed, ntil jianb pob zhad

绫罗布匹，绸缎布

020. 炮单达告竹鱼，炮送达告竹嘴

Pob dand dal ghob zhul nhut, pob songx dal ghob zhul zit

架到大门之边，铺到小门之旁

021. 按果江林吉纵，庆放江照比秋

And ghuet jangl liongs ghol zongs, qongb fangb jangl zhol bleid qieux

大鼎摆在坛头，小罐摆在坛尾

022. 乖棍

Ghuet ghuongt

赶鬼

023. 乖告送斗，度龙穷炯

Ghue ghol songl doul, dub nhongb njongb jongs

赶入烟雾，隔在烟蜡

024. 乖告送斗几白，度龙穷炯吉袍

Ghuet ghol songb doud jid nbed, dub nhongl njongb jongs jid nbob

赶入烟雾翻转，隔在烟蜡伏扑

025. 牙首牙猛以热内补

Yal sont yal mongb yid red nel bul

铁板挡去他乡

026. 抓嘎依然内冬

Cheal gheab yid yead nel dongb

铁叉叉去他处

027. 吉标果齐，几竹明汝

Gid bloud ghueut nqit, jid zhub miongl rub

家中清白，宅内明亮

028. 代寿梅到碰秀休虫，弄代梅到太代得拿

Del sheut mex dob pongb xiux xiux nzhongb, longb det mex dob ndeb det det nab

弟子取得天上宝盖，师郎取得法盖盖好

029. 几搂喂窝补记孺敏

Jid neul wel ob bub jit rud mlongx

前面我燃三堆真火（三昧真火）

030. 吉追喂窝补乔孺牛

Jid zheib wel ox bud niob rud niul

后面我烧三堆神火

031. 几瓦几达当岁加绒

Jia weal jid deab dangl seit jad rongl

反复来隔邪神凶鬼

032. 几瓦几达当岁加棍

Jid weal jid deab dangl seit jad ghuongt

反复来隔凶鬼邪神

033. 告讨呕偶绒奶

Jid tot oud ngongl rongl net

夹住两条阳龙

034. 告讨呕偶绒那

Ghot tot oud ngongl rongl lab

夹住两条阴龙

035. 内开几咱

Nel khed jid zead

人看不见

036. 棍梦几干

Ghuongt mud jid ghanl

鬼看不明

037. 抽力嘎首

Choul lil giead soux

化成铁板

038. 吉蓄西包达鸟吉弄扛虫

Jid xiud xid beud deal niud jid longb gangl chongb

包在坛头藏紧

039. 吉蓄那嘎达梅吉弄扛拿

Jid xiud lal gad dal mel jid lowgl gad neal

包在坛尾藏实

040. 贵汝几抓候喂吧龙

Nguib rub jid zhax heub wel bad nux

祖师在左帮我举斧

041. 录汝吉尼候喂吧同
　　Nul rub jid ml heub wel bab ndongd
　　宗师在右帮我举刀

042. 炯先共猛，炯状共求
　　Jongl xand nghongb mongl，jongl zhangl hghongb njoul
　　宗师抬去，祖师抬上

043. 贵汝候苟，录汝候共
　　Nguib rub heub geud，nul rub heub nghongb
　　祖师帮拿，本师帮抬

044. 扣娘关关，洽娘埋卖
　　Keud niangb kuand khuand，qead niangb manl manl
　　关得严严，盖得实实

045. 求单几纵棍某，求送吉秋棍昂
　　Njaul dand jid zongb ghuongx mloul，hjoul songb jid qieub ghuongx ngeax
　　上到鱼神堂中，上达肉神堂内

046. 求单依皙西向，求送意苟几补
　　Njonl dand yid lieul xid xiangt，njoul songb yid goud jid bul
　　上到家先堂中，上达先祖堂内

047. 求单洞绒，求送洞棍
　　Njoud dand dongl rongs，njoud songb dongl ghuongd
　　上到神堂，上达神殿

048. 然休扛虫，见得得拿
　　Read xiut gangl zhowgb，janb del del nax
　　藏魂送稳，收体送实

049. 读标吾
　　Dul biux
　　理系魂布

050. 尼固油忙
　　Niel gut yiud mal
　　牯群牛群

051. 图然告苟
　　Ndub reax ghob gheud
　　梨树寨头

052. 图绕此让

　　Ndub rol bleid rangl

　　栗树村头（板栗树）

053. 几单优优，吉就沙沙

　　Jid danx youd youd, jid jioul shad shad

　　理直渺渺，竖直好好

054. 告猛通苟，告图通绒

　　Ghongt mongt tongt gheul, ghod ndud tongt rongs

　　如竹通坡，似树通岭

055. 告猛通半，告图通炮

　　Ghod mongt tongd banl, ghod ndub tongd pob

　　如竹通坪，似木通坝

056. 几单标吾

　　Jid danl blut

　　竖直系魂布竹筒

057. 林周抗吾，林抓抗斗

　　Nliongt zhoul khangd nb, nliongt zhal khangd deul

　　系魂绫罗隔水，系魂绸缎挡水

058. 几渣弄松都，吉然弄穷炯

　　Jid ncad longb songt dond, jid rab longb nqongb jongs

　　熏在烟中，洗在蜡上

059. 转名转虫，奈名奈拿

　　Zhang zhod zhangb nchongb, nhanl zhod nhanl nal

　　系实系紧，系实系牢

060. 告长吉屡喂照抓首

　　Ghol nzhangs jid neul, wed zhob zhal sout

　　倒向前方，我撑钢叉

061. 告长吉追喂照踏闹

　　Ghod nzhangd jid zheib wel zhob ndeab lob

　　倒向后面，我撑铁叉

062. 锐单出足龙奶

　　Reit dand chul zul nhongl ned

　　青竹长来高高

063. 麻单出足龙骂

Mlal dand chul zul nhongl mad

笋生长来齐齐

064. 锐单锐踏此固，麻单麻踏几勇

Reix dand reix ntab bleid ghul, mlal dand mlal ntab jid yongl

竹生竹祭顶端，笋生笋祭顶上

065. 偷喂勾走，偷浓勾送

Teud weub geud zoux teud niongl geud songs

集中来交，集聚来送

066. 送斗不猛竹豆，穷炯不闹抗兰

Songt doul bul mongd zhul doud, njongb jongs bul gheab khangd nex

蜡香带去神堂，蜡烟带往神殿

067. 相部相身，向奶向骂

Xiangd pout xiangd niab, xiangd neb xiangd max

祖父祖婆，祖娘祖爷

068. 斗补告补，斗冬告绒

Doul bul ghob bud, doul dongd ghob rongx

土地山神，山岗地脉

069. 棍某棍昂

Ghuongt mloul ghuangt ngeax

鱼神肉神

070. 阿格柔绒，呕昂吾棍

Ad ged ront rongl, out ngangb ub ghuongt

一重鬼塘，一重鬼湖

071. 贵汝埋苟豆首，录汝埋共豆闹

Nguib rub mel geud doul sout, nul rud mel ghod doul lob

祖师拿铁锤，本师拿钢锤

072. 贵汝埋苟扛首，录汝埋共扛闹

Nguib rut mel geud gangl soud, nul rub mel ghongb gangs lob

祖师你拿钢锤，本师你拿铁锤

073. 贵汝埋苟猛色

Nguil rub mex geud mongl sed

祖师你拿大枪

074. 录汝埋共猛炮

Nul rub mel nghongb mongl paob

本师你拿大炮

075. 喂斗得寿，部拢告得

Wel doul deb sheud, boud longl ghod ded

我本弟子，吾乃师郎

076. 拔浪竹林，浓浪竹共

Npab nangd zhul liongl, niongb nangd zhul ghongd

最古的女，最老的男

077. 林豆林且

Liongt doul liongt nqeb

大规大秤

078. 竹洞竹纵

Zhul dongs zhul zhongb

大门小门

079. 竹同不得，竹纵不同

Zhul ndus bub ded, zhul zongb bub ndongl

大门吊蜂，小门吊陀

080. 号拢你羊喂斗得寿

Hob nongd nit yangb wel doud deb sheud

此间可坐我本弟子

081. 号炯炯羊部弄告得

Hob jongb jongb yangb boud nongd ghob det

此处可居我本师郎

082. 苗阿首你羊喂斗得寿

Mlal sout nit yangb wel doul del sheut

钢条可保我本弟子

083. 苗阿闹炯羊部弄告得

Mlal lot jongb yangx boud longb ghox det

铁块可护我这师郎

084. 照首你羊喂斗得寿

Zhol songt nit yangb wel dout del sheud

钢篓可保我本弟子

085. 照闹炯羊部弄告得

Zhol lob jongb yangx bout longb ghot det

铁篓可护我这师郎

086. 闹吾龙部啊昂，名补龙部阿苟

Zhol ub nhongl bout ad ngangl, zhol bul nhongl boux ad goud

下水与我一船，上岸同我一路

087. 闹吾龙部出拉，名补龙部出苟

Zhol ub nhongl bout chud nad, zhol bud nhongl bout chud goud

下水与我做兄，上岸同我做弟

088. 猛单纠录亿苟

Mongl dand joul nhong yix goud

去到九条路途

089. 会送谷叉图公

Feib songb ghol chad yid gongt

走到十岔路道

090. 巴林打豆，巴术达射

Bad liongl dad dout, bad sub dad niangd

供祖水牯，敬祖水牛

091. 尼沙油无布

Niel sab yiud nbub

椎牛同供的黄牛

092. 几单牛豆，吉纠洞

Jid danb nioul daux, jid joul nioul dongb

竖直二柱，竖正中柱

093. 几搂照容，吉追照内

Jid neul zhob yongx, jid zheil zhob neb

前面架梁，后面架柱

094. 几搂太留，几追太不

Jid neul nteb lioul, jid zheib nteb bul

前面盖草，后面盖茅

095. 告拔闹吾高某

Ghox npad lob ub gol mloul

女人下河捕鱼

096. 告浓求补上昂

Ghod niongb njoub bul rangl ngeax

男人上山狩猎

097. 以昂嘎度乖，亿求嘎度布

Yid ngeax giead dub ghuet, jil njout gjead dub blud

骑着黑云，驾着乌云

098. 布数他那

Bud sud ntad lab

开锁解锁

099. 猛龙查首

Mongl nangb ncad soud

大刀利刃

100. 猛同查闹

Mongl ndongd ncad lob

大斧利铁

101. 抓尖抓记

Zhad jand zhad jid

掉凿落斧（指雷劈树）

102. 洽风洽龙，洽斗洽太

Gad hongd qad nongb, qad deul qad ted

挡风挡雨，挡焰挡火

103. 归先归得喂不白久

Guit xiand guit det wel bub bed joud

长气儿魂我背满身

104. 归木归嘎喂不白得

Guit mongb guit giad wed bub bed ded

长寿孙魂我带满体

105. 扣竹兰拿见先

Keud zhub nel lal jianb xiand

关大门，人便收气

106. 扣吹内拿见木

Xeut cheid nel lad jianb mux

关楼门，人便藏福

107. 岁巧岁加

Seit qiaob seit jiad

隔丑隔坏

108. 齐洞齐嗯，齐首齐闹

Njid dongl ngongl njid, njid soud njid lob

铜剪银剪，钢剪铁剪

109. 阿奶当架补产加绒

Ad net dangl giab bub canb jiad rongx

一天等吃三千恶鬼

110. 几搂喂封补产千某

Jid neul wel hongl bud canb qiand mloul

前面我安三千鱼叉

111. 吉追喂封补吧千昂

Jid zheib wel hongl bud beab qiand ngeax

后面我安三百肉刺

112. 就奶梅林打秀

Jiud net met liongb dad xiux

以日护照我体

113. 就那梅照打得

Jiud lat met liongb dad del

以月护照我体

114. 补产贵忙土冬

But cant nguil mangl tud dongx

三千祖师去找

115. 补吧录忙叉留

But beab nul mangb chead lioul

三百本师去寻

116. 补产藏力，补吧藏梅

But cant nzangb lix, but beab nzangb med

三千骑驴，三百骑马

117. 补产共急

Bub cant nghongb gix

三千抬旗祖师

118. 补吧共色

But beab ghongb sed

三百抬枪本师

119. 补产不包拢嘎

But cant bul beat nongd nggad

三千披被戴甲

120. 不吧不嘎图闹

But beab bul giead ndub nhol

三百戴甲戴冠

121. 哭绒哭吧

Khud rongx khud bleab

洞穴洞崖

122. 几瓜吉热

Jid ghual jid rel

解光脱完

123. 卡色都呕

Kheal sed dul oub

奶梅认错

124. 兰格拿咱补乔名哄

Nex nkhed nax zeed bub njol zhot hob

人看只见三团杂雾

125. 棍梦拿咱补乔名度

Ghunb mot nax zead nub njol zhot dut

鬼看只见三团杂云

126. 然秀秀虫，见得得拿

Rad xaud xaud chot jant del del neal

藏体体安，收身身吉

127. 他古他图，他穷他热

Tad ghul tad ndut, tad ngid res

隔咒隔诅，隔血隔堵

128. 他嘎他猫

Tad ghad tad mos

隔鸡隔猫血

129. 祭忙巧起，录忙加写
　　Ngunt mangs qod qid, nus mangs jad xed
　　坏肚之群，坏肠之众

130. 祭忙出巧，录忙出加
　　Ngunx mangs chud qod, nus mangs chud jad
　　做巧之群，做坏之众

131. 出绒几岁，出吧吉洽
　　Chud reid jid seib chud bleet jid gad
　　做岭来隔，做崖来拦

132. 此乃锐那，吧图锐苟
　　Bieb leb reib nab, blab ndut reib goud
　　四个药兄，五位药弟

133. 列抱加起，列大加写
　　Lie beux jad qib, liel dat jad xed
　　要打坏肚，要杀坏肠

134. 弄交弄查
　　Hnongt job hnongt nzead
　　椎仇杀敌

135. 祭忙告见，录忙送嘎
　　Nguis mangs god janb, nul mangl songd nghat
　　交钱祖师，度纸本师

136. 吧告比秋，照告比来
　　Blad ghot bleid qnb, zhot ghot bleid lanl
　　五方亲戚，六方亲眷

137. 补谷补奶碗冲，补谷补图碗斗
　　Bub gul bub nand wand chongd, bub gul bub ndut wand dond
　　三十三个大锅，三十三个中锅

138. 补谷补嘎卡脏，补谷补肥嘎力
　　Bub gul bub gal gad zangb, bub gul bub fea gax lix
　　三十三块大岩，三十三块大土

139. 立为良王
　　Lil weil liangl wangb
　　晃晃悠悠(隐隐之状)

140. 林豆猛竹，林且猛吹

　　Liongl dout mongl zhus, liongl nqeb mongl cheid

　　大祖神的大门，大宗神的楼门

141. 比图周柔日金

　　Bleit ndub zheul rout reul gongt

　　头戴岩石叠重

142. 闹达周日柔告

　　Lot dal zheul rout reul ghol

　　脚踏重叠之石

143. 闹达补产冬腊

　　Lot dal but cant dongs lal

　　脚踩三千刺荆

144. 比图补吧冬加

　　Blet ndub but beab dongb jad

　　头戴三百荆棘

145. 闹照笑洞笑嗯

　　Lot zhob xod dongs xod ngongx

　　脚穿铜鞋银鞋

146. 比图格绒格棍

　　Bleit ndun ged rongd ged ghongt

　　头戴龙角神角

147. 闹达猛昂猛洽

　　Lot dal mongt ngangb mongd ngad

　　脚踩大船大筏

148. 比图猛固猛色

　　Bleit ndub mongl gud mongl sed

　　头戴大笠大伞

149. 吉拔吉察商提炮斗

　　Ghot npad jid cad shangt ndeib pob deub

　　女人接起布匹布条

150. 告浓抱苟那够

　　Ghod nongb beud gheut lad nghoub

　　男人接那野藤链索

151. 扎绒汝见标柔，扎吧汝加标瓦
   Zal rongl rub janl bloud rout, zal blab rub jal bloud wal
   凿岭好成岩屋，凿崖好过瓦房

152. 几借出踏，吉炯出柔
   Jid iet chud tad, jid jiongb chul reud
   重叠成沓，连接成柱

153. 几得拔良，吉秋拔斗
   Jid deb plad liangl, jid qeub plad doud
   印粮之处，印料之地

154. 几得后散，吉秋喂茶
   Jid del houd sant, jid geub nel nzad
   春耕之处，种粮之处

155. 几得从单，几秋从呕
   Jid del ncongb dant, jid genb ncongb eud
   浣裙之处，洗衣之地

156. 吉柔斗补，告图然洞
   Ghot rout doul bul, ghod ndub rad dongs
   古老大岩，古老大树

157. 洞林夯公，绒善夯踏
   Dongs liongl hangd gongd, rongl shant hangd ndad
   大地盘川谷，高坡岭冲峡

158. 数洞数恩，数首数闹
   Sud dongl snd ngowgx, sud sout sud lob
   铜锁银锁，钢锁铁锁

159. 嘎弄麻林，巴先麻头
   Ghal longb mal liongs, bad xahd mal doud
   嘴巴很大，牙齿很长

160. 产扛吧虫
   Cant hangx beab nzhongb
   千斤百担

161. 斗补浪力，斗冬浪梅
   Doud bul hangd lix, doud dong hangd mel
   土地的驴，山神的马（喻老虎）

162. 炯绒炯潮

Jongx rongx jongx hcenb

接龙接麒麟

163. 将乔昂苟，将穷昂绒

Jangd njox nangl gheud, jangd njongb hgangl rongx

乌云盖山，红云盖岭

164. 弄号弄记

Longb hox longb gil

云雾之上

165. 猛数周偶，猛那况公

Mongl sud zhous ngul, mongl lab ruangb nkhongd

大锁套肩骨，大锁捆颈喉

166. 猛昂猛洽

Mongl ngahgx mongl hqead

大船大筏

167. 洞绒猛竹，洞棍猛吹

Dongx rongs mongl zhus, dongd nghuongx mowgl cheid

神堂大门，神殿楼门

168. 剖身奶骂

Poud nieal ned mab

爷婆父母

169. 阿 ad 一

170. 欧 oud 二

171. 补 dut 三

172. 比 dlei 四

173. 便 dlat 五

174. 照 zhot 六

175. 炯 jing 七

176. 乙 yil 八

177. 就 jiud 九

178. 谷 gol 十

179. 阿谷阿 ad gol ad 十一

180. 阿谷欧 ad gol oud 十二

181. 阿谷补 ad gol dut 十三

182. 阿谷比 ad gol dlei 十四

183. 阿谷便 ad gol dlat 十五

184. 阿谷照 ad gol zhot 十六

185. 阿谷炯 ad gol Gol zhot 十七

186. 阿谷乙 ad gol yil 十八

187. 阿谷就 ad gol jiud 十九

188. 欧谷 oud gol 二十

189. 欧谷阿 oud gol ad 二十一

190. 欧谷欧 oud gol oud 二十二

191. 欧谷补 oud gol dut 二十三

192. 欧谷比 oud gol dlei 二十四

193. 欧谷便 oud gol dlat 二十五

194. 欧谷照 oud gol zhot 二十六

195. 欧谷炯 oud gol jing 二十七

196. 欧谷乙 oud gol yil 二十八

197. 欧谷就 oud gol jiud 二十九

198. 补谷 dut gol 三十

199. 补谷阿 dut gol ad 三十一

200. 补谷欧 dut gol oud 三十二

201. 补谷补 dut gol dut 三十三

202. 补谷比 dut gol dlei 三十四

203. 补谷便 dut gol dlat 三十五

204. 补谷照 dut gol zhot 三十六

205. 补谷炯 dut gol jing 三十七

206. 补谷乙 dut gol yil 三十八

207. 补谷就 dut gol jiud 三十九

208. 比谷 dlei gol 四十

209. 比谷阿 dlei gol ad 四十一

210. 比谷欧 dlei gol oud 四十二

211. 比谷补 dlei gol dut 四十三

212. 比谷比 dlei gol dlei 四十四

213. 比谷便 dlei gol dlat 四十五

214. 比谷照 dlei gol zhot 四十六

215. 比谷炯 dlei gol jing 四十七

216. 比谷乙 dlei gol yil 四十八

217. 比谷就 dlei gol jiud 四十九

218. 便谷 dlat gol 五十

219. 便谷阿 dlat gol ad 五十一

220. 便谷欧 dlat gol oud 五十二

221. 便谷补 dlat gol dut 五十三

222. 便谷比 dlat gol dlei 五十四

223. 便谷便 dlat gol dlat 五十五

224. 便谷照 dlat gol zhot 五十六

225. 便谷炯 dlat gol jing 五十七

226. 便谷乙 dlat gol yil 五十八

227. 便谷就 dlat gol jiud 五十九

228. 照谷 zhot gol 六十

229. 照谷阿 zhot gol ad 六十一

230. 照谷欧 zhot gol oud 六十二

231. 照谷补 zhot gol dut 六十三

232. 照谷比 zhot gol dlei 六十四

233. 照谷便 zhot gol dlat 六十五

234. 照谷照 zhot gol zhot 六十六

235. 照谷炯 zhot gol jing 六十七

236. 照谷乙 zhot gol yil 六十八

237. 照谷就 zhot gol jiud 六十九

238. 炯谷 jing gol 七十

239. 炯谷阿 jing gol ad 七十一

240. 炯谷欧 jing gol oud 七十二

241. 炯谷补 jing gol dut 七十三

242. 炯谷比 jing gol dlei 七十四

243. 炯谷便 jing gol dlat 七十五

244. 炯谷照 jing gol zhot 七十六

245. 炯谷炯 jing gol jing 七十七

246. 炯谷乙 jing gol yil 七十八

247. 炯谷就 jing gol jiud 七十九

248. 乙谷 yil gol 八十

249. 乙谷阿 yil gol ad 八十一

250. 乙谷欧 yil gol oud 八十二

251. 乙谷补 yil gol dut 八十三

252. 乙谷比 yil gol dlei 八十四

253. 乙谷便 yil gol dlat 八十五

254. 乙谷照 yil gol dlat 八十六

255. 乙谷炯 yil gol jing 八十七

256. 乙谷乙 yil gol yil 八十八

257. 乙谷就 yil gol jiud 八十九

258. 就谷 jiud gol 九十

259. 就谷阿 jiud gol ad 九十一

260. 就谷欧 jiud gol oud 九十二

261. 就谷补 jiud gol dut 九十三

262. 就谷比 jiud gol dlei 九十四

263. 就谷便 jiud gol dlat 九十五

264. 就谷照 jiud gol zhot 九十六

265. 就谷炯 jiud gol jing 九十七

266. 就谷乙 jiud gol yil 九十八

267. 就谷就 jiud gol jiud 九十九

268. 阿吧 ad bab 一百

《巴代法水》

1. 请圣水

2. 请五龙圣水

3. 洒净水

4. 造五龙圣水

5. 安井水

6. 护坛水

7. 紫微吉祥水

8. 压邪水

9. 化堂水

10. 造殿水

11. 解秽水一

12. 解秽水二

13. 净坛水

14. 治病水

15. 洗堂水

16. 杀火水

17. 倒火场水

18. 龙堂水

19. 藏身水一

20. 藏身水二

21. 结婚收煞水

22. 赶猖压煞水

23. 堂霉水

24. 桃叶水

25. 菖蒲水

26. 出门保安水

27. 洗度水

28. 进门化堂水

29. 觧阴火水一

30. 觧阴火水二

31. 封丧水一

32. 封丧水二

33. 封丧水三

34. 封丧水四

35. 治昏倒水

36. 治突然倒死水

37. 急救倒死水

38. 急救晕死喷药水

39. 治小儿夜哭水一

40. 治小儿夜哭水二

41. 治小儿夜哭水三

42. 治小儿惊吓水

43. 治小儿疳积水

44. 治草鬼水

45. 杀疮水

46. 杀毒疮水

47. 治昏头水

48. 治牙痛水一

49. 治牙痛水二

50. 治伤水

51. 斗骨水

52. 尘土止血水一

53. 尘土止血水二

54. 止血水一

55. 止血水二

56. 止血水三

57. 止血水四

58. 止血水五

59. 止血水六

60. 止血水七

61. 止血水八

62. 隔山治伤水

63. 封禁水

64. 化喉刺水

65. 化卡喉水

66. 落池水一

67. 落池水二

68. 鸬鹚水

69. 吞竹签水

70. 九龙化刺水

71. 化骨刺水

72. 武师水

73. 隔邪水一

74. 隔邪水二

75. 五雷水

76. 雷公水一

77. 雷公水二

78. 雷公水三

79. 解危水

80. 武师练功水

81. 观音神咒水

82. 莲池水

83. 雪山治伤水

84. 雪山水一

85. 雪山水二

86. 雪山水三

87. 雪山水四

88. 吃火籽水

89. 泥山水

90. 催胎水一

91. 催胎水二

92. 催胎水三

93. 催胎水四

94. 补治小孩夜哭水一

95. 补治小孩夜哭水二

96. 治肚痛水一

97. 治肚痛水二

98. 治肚痛水三

99. 治肚痛水四

100. 治肚痛水五

101. 牛娘水

102. 合和水一

103. 合和水二

104. 封刀口自砍不伤水

105. 封刀口水一

106. 封刀口水二

107. 刀伤止血水

108. 上刀梯封刀水

二、申文类

1. 通行申文

2. 三清申文

三、奏章类

玉帝奏

四、牒文类

1. 知会牒文

2. 斩草牒文

3. 晓谕牒文

4. 高脚牌牒文

5. 开路行丧牒文

6. 下井牒文

五、榜文类

1. 斋戒榜文

2. 安坛传度榜文

六、状文类

1. 祈福保安状文

2. 安坛度法状文

七、吊挂类

1. 吉祥成语吊一

2. 吉祥成语吊二

3. 吉祥成语吊三

4. 吉祥成语吊四

5. 吉祥成语吊五

6. 吉祥成语吊六

7. 吉祥成语吊七

8. 吉祥成语吊八

9. 吉祥成语吊九

10. 吉祥成语吊十

11. 吉祥成语吊十一

12. 吉祥成语吊十二

13. 八仙吊一

14. 八仙吊二

3. 上刀梯门额一

4. 上刀梯门额二

5. 安坛度法门额

6. 法坛门额

7. 通用门额

十、神号牌位

1. 法坛上坛神位

2. 法坛下坛神位一

3. 法坛下坛神位二

4. 客家神龛

5. 苗家神龛

6. 道坛

7. 太岁牌位

8. 玉皇牌位

9. 三官牌位

10. 诸天牌位

11. 祖师牌位

12. 灶神牌位

13. 五庙牌位

14. 护法牌位

15. 诸神号

十一、印章式

1. 玉皇印

2. 老君印

3. 太上老君印

4. 三宝印

《巴代音乐》

一、苗师巴代雄部分

1. 道白腔

2. 讲古老话腔

3. 魂腔

4. 保魂腔

5. 请神腔

6. 保赎腔

7. 迁徙腔

8. 敬酒腔

9. 送酒腔

10. 阴阳腔

11. 高山腔

12. 洞腔

13. 古歌腔

14. 叙腔

15. 喊魂腔

16. 系魂腔

17. 问卦腔

18. 交纳腔

19. 焚香腔

20. 接龙腔

21. 请师腔

22. 迁徙腔

24. 解锁腔

25. 交纳余供腔

26. 蜡香吟

27. 无忌腔

28. 讲供道白

29. 综合并配以乐器的腔调

二、客师巴代札部分

1. 道白腔一

2. 道白腔二

3. 赎魂腔

4. 求财腔

5. 敬王爷腔

6. 谢土腔

7. 迎龙腔

8. 平腔一

9. 平腔二

10. 立营腔

11. 采标腔

12. 四言八句腔

13. 娘娘腔

14. 大将军

15. 小将军

16. 合尚腔

17. 老人腔

18. 送神腔

19. 水吟腔

20. 傩吟腔

21. 安隅腔

22. 接兵腔

23. 造法腔

24. 报兵腔

25. 结界腔

26. 游愿腔

27. 悲腔

三、巴代研部分

1. 大皈依赞

2. 小皈依赞

3. 三皈依赞

4. 梅花咏一

5. 梅花咏二

6. 安龙神赞一

7. 安龙神赞二

8. 炳烛腔一

9. 炳烛腔二

10. 炳灯赞

11. 圣号申

12. 盖闻法声不动拖申

13. 和尚调

14. 平腔宝诰

15. 禅腔宝诰

16. 神疏腔

17. 工曹腔

18. 化财腔

19. 释迦开坛演教腔

20. 开破方调一

21. 开破方调二

22. 诵经腔一

23. 诵经腔二

24. 洒净腔一

25. 洒净腔二

26. 小挂金锁

27. 大挂金锁

28. 散花腔

29. 释迦号中天禅腔

30. 香花灯赞

31. 诵咒吟

32. 山山出翠调

33. 双稽首调

34. 叹亡高腔

35. 叹亡平腔

36. 戒定真香平腔

37. 戒定真香拖腔

38. 九条龙赞

39. 念佛头

40. 念佛腔一

41. 念佛腔二

42. 拜菩萨

43. 莲花赞

44. 炉香乍热赞

45. 十供养

46. 小三宝

47. 柳含烟

48. 孔雀词

49. 祝愿偈

50. 新花调

51. 香赞

52. 悲叹调

53. 单稽首

54. 华严字母赞

55. 总回向赞

56. 香赞

57. 宣疏鼓

58. 交经赞

59. 解结腔

60. 敬财吟

61. 安隅吟

62. 炳烛申

63. 炳灯申

64. 宝诰吟

65. 皈依白吟

66. 梅花咏启白吟

67. 九品九生弥陀赞

68. 观音圣号称

69. 地藏圣号称

70. 药师圣号称

71. 释迦圣号称

四、打击乐部分

1. 拍联尺

2. 打板眼

3. 一字锣一

4. 一字锣二

5. 一字锣三

6. 小曲子

7. 七星锣

8. 大曲子一

9. 大曲子二

10. 两节瓜

11. 两头忙

12. 慢上紧

13. 急板

14. 辽直

15. 转身锣

16. 四朝阳

17. 隔申锣

18. 更锣

19. 送神锣

20. 猛虎下山

21. 路长引

22. 狮子滚球

23. 禅腔锣

24. 阳雀洗澡

25. 蜻蜓点水

26. 鬼挑担

27. 生老病死苦

28. 长声锣

29. 九槌锣

30. 八槌锣

31. 七槌锣

32. 先锋锣

33. 接龙锣

34. 椎牛迎宾锣

35. 和尚锣

36. 巡坛锣

37. 喊寨锣

38. 造坛锣鼓

39. 细乐

40. 中乐

41. 大乐

42. 狮子锣一

43. 狮子锣二

44. 狮子锣三

45. 起三通鼓

46. 擂鼓

47. 更鼓

48. 轻重鼓

49. 边中鼓

50. 鸣金

五、巴代牛角号谱式

1. 铺坛角

2. 巡坛角

3. 执坛角

4. 热坛角

5. 镇坛角

6. 出坛角

7. 老君角

8. 玉皇角

9. 上马角

10. 下马角

11. 集兵角

12. 发兵角

13. 回兵角

14. 游兵角

15. 闭兵角

16. 镇风角

17. 荡秽角

18. 法主角

19. 藏身角

20. 送神角

《湘西苗族民间传统文化丛书通读本》

第一章　基础篇

一、巴代音乐

二、巴代查病书

三、叩许神愿

四、巴代神符

五、巴代道具法器

六、巴代法水

七、巴代神咒

八、巴代文疏表堂

九、巴代纸扎纸剪

十、巴代手诀

第二章　苗师科仪汇编

一、吃猪敬元祖神科仪

二、敬日月车祖神科仪

三、祭寨祖科仪

四、敬家祖科仪

五、苗师通鉴

六、招新故亡灵入祖籍科仪

七、安亡入祖籍科仪

八、小祭科仪

九、椎牛敬大祖神科仪

十、祭雷神科仪

十一、接龙科仪

第三章　客师科仪 178 堂汇编

一、科仪 1～19 合编

二、科仪 20～30 合编

三、科仪 31～54 合编

四、科议 55～64 合编

五、科仪 65～83 合编

六、科仪 84～90 合编

七、科仪 91～101 合编

八、科仪 102～105 合编

23. 中秋格

24. 上方五色纸吊晖

25. 齿条格

26. 天罗地网格

27. 八角莲刺格

28. 雪花纷飞格

29. 圆尖角花格

30. 雪莲朵格

31. 雪兹满天飞格

32. 四叶一窗格

33. 黄莲刺格

34. 大格吊小花格

35. 葫芦吊钱格

36. 五层花格

37. 雪花格

38. 窗下含梅格

39. 古老小铜钱格

40. 铜钱格

41. 窗挂绣球格

42. 双钱一串格

43. 古老钱格

44. 八叶一枝花格

45. 大雁南飞格

46. 雪里梅花格

47. 八角莲花

48. 雪梅窗花

49. 小神格

50. 17 洞门吊挂格

51. 斋纸吊挂

52. 傩堂纸挂一

53. 傩堂纸挂二

54. 傩堂纸挂三

55. 排式傩堂一

56. 排式催堂二

57. 排式催堂三

58. 排式催堂巴代

59. 明显式催堂

60. 苗师祖坛纸扎一

61. 苗师祖坛纸扎二

62. 客师法坛纸扎一

63. 客师法坛纸扎二

64. 长钱纸马

65. 长钱纸束

66. 祭坛长钱纸束一

67. 祭坛长钱纸束二

68. 12 束斋挂纸

69. 封口嘴纸

70. 锁口嘴纸

71. 打口嘴纸

72. 打凶兆纸

73. 家祭雷神纸剪

74. 公祭雷神纸剪

75. 祭祀斋神纸剪一

76. 祭祀斋神纸剪二

77. 黄色武猖旗纸剪

78. 红色武猖旗纸剪

79. 插粑旗纸剪一

80. 插粑旗纸剪二

81. 求雨龙旗

82. 愿标龙旗

83. 龙公龙母旗

84. 接五方龙旗

85. 接龙祭坛纸扎纸剪

86. 纸花衣

87. 大赎魂祭坛纸扎纸剪一

88. 大赎魂祭坛纸扎纸剪二

89. 小赎魂祭坛纸扎纸剪

90. 架天桥中的纸扎纸剪

91. 打扫屋中的纸扎纸剪

92. 祭祀中的纸扎纸剪

93. 叩许催愿愿标

94. 送瘟神的纸船纸人

95. 解洗凶秽中的纸扎纸剪

96. 小祭三王中的纸扎纸剪

97. 大祭三王中的纸扎纸剪

98. 祭口血明王中的纸扎纸剪

99. 祭口血明王副坛中的纸扎纸剪

100. 苗族祭祀中的纸扎纸剪

101. 其他艺术纸剪

《巴代道具法器》
一、客师道具法器

1. 鼓

2. 锣钹

3. 响碗

4. 师刀

5. 牛角

6. 筶子

7. 香炉

8. 水碗

9. 令牌

10. 神灯

11. 蜡台

12. 上坛

13. 下坛

14. 神柜

15. 帅旗

16. 神签

17. 马鞭

18. 手牌

19. 生肖幡

20. 绺旗

21. 印章

22. 符印

23. 纸马

24. 千兵布

25. 符篆布

26. 法衣一

27. 法衣二

28. 法冠

29. 红巾

30. 傩公服

31. 傩母服

32. 探子服

33. 先锋服

34. 开山服

35. 钟馗服

36. 八郎服

37. 开洞服

38. 道士服

39. 和尚服

40. 土地服

41. 判官服

42. 小鬼服

43. 胸饰

44. 伏魔冠

45. 和尚道士冠

46. 洽向服一

47. 洽向服二

48. 伏魔棒

49. 斩邪服

50. 火铳

51. 中清神轴

52. 左清神轴

53. 右清神轴

54. 祖师神轴

55. 家先神轴

56. 判官神轴

57. 小鬼神轴

58. 二郎神轴

59. 护法神轴

60. 五庙神轴

61. 朝王神轴

62. 祖坛神轴

63. 牌位

64. 老君像

65. 傩公头

66. 傩母头

67. 开洞神面具

68. 探子神面具

69. 先锋神面具

70. 开山小将神面具

71. 钟馗面具

72. 开山大将神面具

73. 八郎神面具

74. 和尚神面具

75. 土地神面具

76. 判官神面具

77. 开山斧

78. 打神鞭

79. 祖师棍

80. 长刀

81. 罩笼

82. 长凳神马

83. 兵马桥

84. 围桌

85. 铧口

86. 傩手

87. 傩牌

88. 赶条

89. 刀梯柱

90. 钢刀

91. 帅旗杆

92. 傩柱

93. 桃木剑

94. 如意

95. 行香炉

96. 桃符

97. 破狱杖

二、苗师道具法器

1. 纵棍（苗师祖坛）

2. 纵棍提岭（祖坛神布条）

3. 纵棍头奶（长条纸束）

4. 吉秋学猛（祖坛神案）

5. 纵寿秋得（祖堂法殿）

6. 窝熊（竹枑、蚩尤枑）

7. 窝走抗闹（苗师筶子）

8. 穷力穷梅（蚩尤铃）

9. 意记送斗（蜂蜡糠香）

10. 依达穷炯（蜡香香碗）

11. 依尼照抗（标良许愿）

12. 扛吾尼刀候（喂牛水的葫芦）

13. 爬葡酒达（牛角酒杯）

14. 蒙同查闹（蚩尤刀）

15. 钟闭（系魂布竹筒）

16. 闭（系魂保安布）

17. 矮果告纵（大罐）

18. 庆放比秋（大鼎）

19. 单秋欧尼（敬祖神绸）

20. 猛陇（椎牛大鼓）

21. 猛炯（椎牛大锣）

22. 陀锣乙苟（接龙包包锣）

23. 松会那巴（唢呐长号）

24. 光光且（接龙铜钹）

25. 标先（祖坛神灯）

26. 包这炯绒（敲碗请龙）

27. 草把浓（草把神）

28. 苟瓜（问事桃树杈）

29. 录就（芭蕉叶）

30. 地庆（地炮）

31. 中昂（隔死神竹筒）

32. 香吾（隔死神菖蒲叶）

33. 昂岭（布条神符）

34. 咒滚咒乔（装福气的竹篓子）

35. 钩竹（留福钩祸刀）

36. 窝刷爬（赶鬼条）

37. 图牛尼（椎牛花柱）

38. 欧背巧（布条衣）

39. 帽高背巧（布条帽）

40. 便卡（招魂竹筒）

41. 板考窝香（烧香镶锄）

42. 图头琶（楠木枝叶）

43. 窝刷琶（许椎猪愿标志物）

44. 巴代纵棍（古苗师坛）

45. 巴代炯纵棍（古苗虎神坛）

46. 周柳晚（垫锅圈）

47. 窝扛（铁三脚）

48. 窝借（木瓢子）

49. 柔柔白（石磨盘）

50. 打梅头（纸扎神马）

51. 窝晚缪（带耳铁锅）

（二）苗师科仪

《接龙》（第一册）

第一堂　将棍空·Jiagb ghunt kongt·请师出坛

第二堂　休足、封牢总·Xiud zub fengs laob zongb·收祚、封牢井

第三堂　奈绒·Nanb rongx·小请龙神

第四堂　扛服扛能·Gangb hut gangb nongx·敬吃供喝

第五堂　安绒·And rongx·安龙

第六堂　巴高绒·Bad gaod rongx·中请龙神

《接龙》（第二册）

第七堂　袍酒包·Paob jiud baob·喝入堂酒

第八堂　走梅斩·Zout mieb zhas·交吃剩的酒

第九堂　送琶·Songx bax·交牲

第十堂　留吾炯绒·Liub wud jongb rongx·大请龙神

第十一堂　几排绒·Jid pain rongb·接龙对答

第十二堂　袍服袍能·Ped hud ped mongx·送喝送吃

第十三堂　走酒先·Zout jiud xiand·送熟酒肉

第十四堂　忙叫安绒·Mang jiaob nganl rongb·大安龙神

第十五堂　开牢总·Kail laob zongb·开牢井放邪师

第十六堂　长纵·Changb zongb·回坛

《苗师通鉴》（第一册）

一、窝香·Aot xiangt·焚香

二、窝猛香·Aot mengb xiangt·烧线香

三、休足然度·Xiut zub rab dux·收祚藏身

四、然休·Rab xiut·护堂

五、窝味·Aob weib·原因

（一）吃猪的原因

（二）敬日月车祖神

（三）敬雷神

（四）求雨

（五）接龙

（六）招新亡魂入祖籍

（七）敬家祖

（八）椎牛

（九）隔化生子

六、算内、摆棍·Suand niub baid gunt·择日、设坛

七、嘎儿北·Giad jit beib·借供桌

八、太达太这·Tait dab tait zhex·摆供碗具

九、岔拢、怕条、出头·Chax liuongd、pat qiaox、chub teb·
　　砍竹、破篾、剪纸

十、浓爬·Niuongb bax·买供猪

十一、充巴代·Congd bad deit·请巴代

十二、充棍空·Congd gunt kuongt·请祖师

十三、乖棍·Gweit gunt·灭鬼

《苗师通鉴》(第二册)

十四、休麻悄麻加·Xiut mab qiaot mab jiad·遣灾驱祸

附　休悄休加·Xiut qiaot xiut jiad·收凶煞鬼

十五、读妻他力·Dub qud tad lib·消灾灭煞

十六、庆格·Qin gieb·退灾

十七、求棍·Quix gunt·去请祖神

十八、炯先炯木·Jongb xiand zhoub mub·保佑福寿

《苗师通鉴》(第三册)

十九、闹棍·Langt gunt·请神下来

二十、周先周木·Zhub xiand zhoub mub·赐福赐寿

二十一、他数他那·Tad sud tad liax·解枷脱锁

二十二、占闭·Zhuanb biut·维系魂保安布

（一）几哨闭·Jit saot biut·松布条

（二）吉就闭·Jib jub biut·理直布条

（三）吉木闭·Jib mub biut·培竹土

二十三、告归·Gaob guit·赎魂

（一）找阳间

（二）找阴间

（三）找鬼湖

二十四、送琶·Songx bax·交牲（以吃猪为例）

（一）扛吾琶·Gangb wut bax·喂猪水

（二）充仕夫·Congd shit fut·请祖师

（三）修苟修公·Xiut goud xiut gongt·清修路道

（四）送爬·Songx bax·交猪

《苗师通鉴》（第四册）

二十五、用错·Yngd cuob·悔过

二十六、袍酒卡·Peb jiud kad·敬入堂酒（以吃猪为例）

　　　　窝够背柳·Aot gout bid liud·讲原因

　　　　泡猛纵浪酒·Peb mengb zongb nangb jiud·敬大桌的酒

二十七、送酒卡·Songxjiud kad·交剩余的酒（以吃猪为例）

二十八、扑度酒·Pub dub jiud·祝酒词

　　　　读酒·Dub jiud·敬酒词

二十九、葡棍·pud gunt·神名

（一）吃猪神名

（二）祭雷神的神名称号及物件

（三）敬日月车祖神的神名

（四）接龙神名

（五）椎牛的神名

（六）椎牛附带的各堂神名及供品物件

（七）椎牛各堂之始

（八）请村宗寨祖、家祖及师祖神名

《苗师通鉴》（第五册）

三十、袍酒先·Poud jiud xianx·敬上熟酒肉

　　　　读猛纵浪酒·Dub mengb zongb nangb jiud·敬大桌上的酒

　　　　读得纵浪酒·Dub det zongb nangb jiud·敬小桌上的酒

三十一、走酒先·Zout jiud xiand·送上熟酒肉

（一）送棍爬·Songx gunt bax·送元祖神

（二）送酒·Songx jiud·送剩余的酒

（二）走标告浪酒·Zout bioud ghaox nangb jiud·送地楼神坛的酒

三十二、册纵·Ceit zongb·拆坛（以吃猪为例）

《苗师通鉴》（第六册）

三十三、袍列·Peb liex·敬饭

三十四、送棍向·Songx ghunt xiangt·送家祖神

　　　　送欧到·Songx out daos·送三次

　　　　悄洽悄千·Qiaod qial qiaod qiand·阻隔阻断

三十五、几齐标·Jis qid bioud·打扫屋（上部）

三十六、几齐标·Jis qid bioud·打扫屋（下部）

　　　　庆妻爬·Qiongt qud bax·打扫灾煞

《苗师通鉴》（第七册）

三十七、将棍空·Jiangx gunt kongt·祖坛请师

三十八、封牢总·Fengs laob zongb·封牢井

三十九、开牢总·Kail laob zongb·开牢井放邪师

　　　　窝头充四富·Aot teub congd sid ful·烧纸请师

　　　　布牢总·Bud laob zongb·开牢井

四十、巴代长纵·Bad deit changb zongb·巴代回坛

四十一、把高尼·Bad gaod niex·椎牛起根（上部）

　　　　窝起度·Aob qid dub·开头语

　　　　扑龙尼浪窝味·Pub nongb niex nangd aod weib·说椎牛的原因

　　　　客棍·Ked ghunt·占卜

　　　　扑候尼·Pub houb niex·说许椎牛愿

　　　　扑窝虐·Pub aod niub·说择日

　　　　扑浓尼·Pub niongb niex·讲买牛

　　　　浓油葡·Niongb yud pub·买黄牛

　　　　浓达尼·Niongx niex·买水牯

　　　　记尼长拢·Jid niex zhangs longd·赶牛回来

　　　　包内卡·Baob niex kad·报客

　　　　扣图牛尼·Koub tub niub niex·砍牛柱

　　　　扣拢、嘎头·Koub longd gad toub·砍竹、剪纸

　　　　扑抢昂·Pub qiangt ghax·讲肉串

　　　　摆几北·Baid jid beib·摆桌子

　　　　板达板这·Biad dad biad zheb·摆碗

　　　　摆窝拔·Biat aod pab·摆木盘

　　　　充巴代·Congd bad deit·请巴代

《苗师通鉴》（第八册）

四十二、把高尼・Bad gaod niex・椎牛起根（下部）

　　　　充棍空・Congd gunt kuongt・请祖师

　　　　扑内窝冬吧汉扛棍空江・Pub niex aod dongt bab haid gangb
　　　　ghunt kongt jiangb・讲供品供具让祖师喜爱

四十三、几卡棍浪度・Jid kad ghunt nangd dub・嘱咐神的话

四十四、岔共耸・cab gongb songt・雷神古根

四十五、卡色都欧・Kead seit dus oux・担保悔过

四十六、他内・Tead neb・隔诅咒

　　　　苟窝齐苟他・Goub aob qib goub tab・用剪刀来剪诅咒

　　　　苟母苟处苟他・Goub mub goub chub goub tab・雄鹰大雕来隔

　　　　加豆固到苟他・Jiab dout gub daob goub tad・吞口吞嘴来隔

　　　　巴代龙度标拢他・Bab diat longb dub bioud longb tas・师郎和户主来隔

　　　　苟同棍苟他・Goud tongb ghunt goud tab・用长刀来隔

　　　　巴代拢他・Bab diat longb tab・巴代来隔

四十七、他穷・Tad qiongb・隔血诅咒

　　　　大窝娇・Dad aox qiaox・杀冤家

四十八、用错打耸・Yongd cuobdab songt・认错雷款

（三）客师科仪

《客师科仪》（第一册）

1. 祭虎王神科仪

2. 祭保猪神科仪

3. 祭守牛神科仪

4. 祭雅溪三王科仪

5. 开财门科仪

6. 祭西北桥神科仪

7. 抢魂科仪

8. 发亲科仪

9. 祭保生神科仪

10. 解煞科仪

11. 用水牛头求财科仪

12. 接亲科仪

13. 出枢科仪

14. 安葬科仪

15. 打扫屋科仪

16. 打扫丧科仪

17. 解羊刃科仪

18. 阳解三十六条科仪

《客师科仪》(第二册)

20. 解洗伤亡科仪

21. 燃蜡科仪

22. 烧包化财科仪

23. 买阴地科仪

24. 除凶科仪

25. 谢灶科仪

26. 安家先科仪

27. 祭财神科仪

28. 安太岁神科仪

29. 送年猪科仪

30. 大赎魂

《客师科仪》(第三册)

31. 众寨议款科仪

32. 隔邪师科仪

33. 赎魂科仪

34. 小做大赎魂科仪

35. 筒骨烧纸科仪

36. 土地寄儿科仪

37. 古树寄儿科仪

38. 井泉寄儿科仪

39. 炭窖寄儿科仪

40. 铁铺寄儿科仪

41. 架天桥求子科仪

42. 架木桥求子科仪

43. 架岩桥求子科仪

44. 案桌寄狗科仪

45. 洞穴寄蛇科仪

46. 山洞寄虎科仪

47. 悬崖寄猴科仪

48. 年饭敬祖师科仪

49. 新年迎祖师科仪

50. 解牢狱枷锁章科仪

51. 祭云雄王科仪

52. 填空科仪

53. 解丧门星科仪

54. 解五鬼煞科仪

55. 赶白虎鬼科仪

《客师科仪》(第四册)

56. 祭罗孔大王科仪

57. 祭跳天波己大将科仪

58. 祭波己大将科仪

59. 祭城步大爷科仪

60. 祭过路神祇科仪

61. 祭破天阁罗大姓科仪

62. 祭波针阁堂大姓科仪

63. 祭年鸡大姓科仪

64. 祭年鱼大姓科仪

65. 十二桌早斋

《客师科仪》(第五册)

66. 祭年堂大姓科仪

67. 祭秋灵百拷科仪

68. 竹门隔伤亡鬼科仪

69. 钉桃符科仪

70. 洽向赶猖鬼科仪

71. 山洞安伤亡鬼科仪

72. 安外家先科仪

73. 解秽科仪

74. 巴代出坛科仪

75. 巴代回坛科仪

76. 神名称号

77. 解洗凶秽科仪

78. 叩许傩愿科仪

79. 祭婆婆神科仪

80. 十保护科仪

81. 起工科仪

82. 祭土府科仪

83. 谢墓科仪

84. 接坟龙科仪

《客师科仪》（第六册）

85. 谢土科仪

86. 苗家接龙科仪上册

87. 苗家接龙科仪下册

88. 入殓盖棺科仪

89. 解天罗地网科仪

90. 谢古墓魂科仪

91. 大隔伤亡鬼

《客师科仪》（第七册）

92. 开天门送亡师科仪上册

93. 开天门送亡师科仪下册

94. 玄门绕度亡师科仪

95. 玄门解度亡师科仪

96. 造水科仪

97. 封结神坛界科仪

98. 玄坛请神科仪

99. 立五方神坛科仪

100. 造兵造械科仪

101. 发疏文科仪

130. 劝酒

131. 吃下马酒、饭

132. 唱下马酒

133. 傩歌

134. 讨答、求子

136. 合标、采标

137. 开洞

138. 探子

139. 先锋

140. 开山

141. 算匠

142. 铁匠

143. 呈牲

144. 八郎

145. 和尚

146. 开坛上熟酒

147. 遊斋愿

148. 游荤愿

149. 上熟

150. 唱上熟酒、打冤家

151. 土地

152. 判官

153. 送傩

154. 倒坛

155. 回坛

156. 客师通鉴

（四）道师科仪

《道师科仪》（第一册）

1. 序论篇

2. 请水科

3. 小请圣

4. 开路科

5. 请圣一

6. 请圣二

7. 开方科

8. 安方科

9. 寻狱科

10. 破狱科

11. 解结科

12. 送圣科

13. 诵经请佛科

14. 取经科

15. 诵经科

16. 礼忏科

17. 交经交忏科

18. 告歇科

19. 送经科

20. 奠灵开荤科

21. 启建科

22. 扎虚空科

23. 扎灶科

24. 请师科

25. 发文科

26. 扬幡科

27. 宣榜科

28. 立桅升灯科

29. 结界科

30. 行香拜庙科

31. 禅门请佛科

32. 禅门小请科

33. 目连寻母科

34. 交经科

35. 禅门送圣科

36. 十王上案科

37. 十王左案科

38. 十王右案科

39. 冥王全案科

40. 冥王简案科

41. 十王忏

42. 报恩科

43. 隔夜升法科

44. 上香科

45. 留驾施食科

46. 伤亡解洗科

47. 度幽宝卷

48. 弥陀绕一

49. 弥陀绕二

50. 弥陀绕三

《道师科仪》(第二册)

51. 安灶神科

52. 撒虚空科

53. 倒坛科

54. 倒灯桅科

55. 辞灵科

56. 度亡升天科

57. 三宝绕棺科

58. 香山绕

59. 香山案科

60. 十王全案

61. 叹亡科

62. 念佛绕棺科

63. 诵金刚科

64. 扫荡晦气科

65. 追荐科

66. 诸大宫口科

67. 奠谢古墓科

68. 观音经咒科

69. 观音宝忏

70. 弥陀宝忏

71. 秉烛科

72. 开冥路科

73. 莲华绕棺科

74. 缩坛安位科

75. 七佛宝忏

76. 送丧绕

77. 血盆宝忏

78. 接亡科

79. 早朝科

80. 水灶氽科

81. 安灵科

82. 地藏绕棺科

83. 启经送经科

84. 净土忏仪

85. 诵高王经仪

86. 金刚普门纂

87. 洒净科

88. 赞叹十王科

89. 迎圣科

90. 发牒科

91. 祭灵科

92. 犒赏科

93. 连寻带破科

94. 诵北斗经仪

95. 解释冤孽科

96. 燃蜡科

97. 开道科

98. 小赈济科

99. 安坟龙科

100. 释结科

《道师科仪》(第三册)

101. 三元妙经

102. 城隍度亡科

103. 招亡科

104. 界灯科

105. 巡坛

106. 锁坛科仪

107. 大破狱科仪

108. 礼坛忏悔科

109. 莲华忏科

110. 礼十殿科仪

111. 血盆上案

112. 血盆左案

113. 血盆右案

114. 功曹科仪

115. 揭狱度亡科

116. 城隍忏科仪

117. 寄宝寄库

118. 开宝开库

119. 解洗伤亡科

120. 补烂科

121. 招魂科

122. 招引科

123. 供圣科

124. 拜城隍

125. 迎圣科

126. 里耶版请圣

127. 雅桥版请圣

128. 城区版请圣

129. 岩坝塘版请圣

130. 散花科

131. 玄门水

132. 玄门请

164. 皇忏（第四册）

165. 皇忏（第五册）

166. 皇忏（第六册）

167. 皇忏（第七册）

168. 皇忏（第八册）

169. 皇忏（第九册）

170. 皇忏（第十册）

171. 丧堂通书

172. 三教灵幡科

（五）侧记篇

《巴代仪式图片汇编》

一、基地活动与成果（79 幅）

二、傩祭（23 幅）

三、祭村祖斋神（39 幅）

四、祭雅溪三王（33 幅）

五、上刀梯（41 幅）

六、开天门送客师（59 幅）

七、开天门送苗师（52 幅）

八、打杀草鬼（43 幅）

九、隔伤亡鬼（69 幅）

十、赶天狗（23 幅）

十一、吃猪（64 幅）

十二、敬家祖（17 幅）

十三、招亡入祖（61 幅）

十四、椎黄牛（32 幅）

十五、苗师接龙（37 幅）

十六、料归赎魂（25 幅）

十七、客师杂祭（37 幅）

十八、苗师祖坛（33 幅）

十九、客师法坛（29 幅）

二十、扫屋安伤亡鬼（35 幅）

二十一、解洗凶秽晦气（35 幅）

二十二、解枷锁及将军箭（50 幅）

《预测速算》

1. 1925—20210 年历

2. 年上起时表

3. 日上起时表

4. 十二月生时立命表

5. 十二地支刑冲破害表

6. 干支关系表

7. 长生十二运表

8. 四季旺相休囚与十二宫例表

9. 日干所带十神表

10. 日元所带特星表一、二、三

11. 月支提纲所带吉星凶煞表一、二

12. 出生日时阴阳贵贱法及财官印绶十神喜忌口诀

13. 日支日元所带吉星凶煞表一、二、三、四、五、六、七、八

14. 年支所带特星表一、二、三、四

15. 日柱纳音见生月所带吉凶星煞

16. 日柱纳音见配偶月干五行所带神煞

17. 日主五行见配偶月柱而论神煞

18. 日或年柱纳音所带神煞一、二

19. 十二年生人流年神煞过宫表

20. 五行所人体各部位

21. 五行所主人的性格

22. 五行用神所宜职业

23. 用神在十神各主行宜

24. 男女命卦所属

25. 日干见时所定小儿关煞

26. 月支见时而论小儿关煞一、二

27. 年支见时而论小儿关煞

28. 择日逐月吉星表一、二、三

29. 择日逐月凶星表一、二、三、四、五、六

30. 时注吉凶星表一、二、三

31. 六甲日吉时选定

32. 年命选择应避日

33. 女命行嫁月份吉凶及男女婚嫁凶年

34. 逐月不将日表

35. 嫁娶、纳婿、行嫁、送神、葬日五大周堂图

36. 化命避忌八大空亡表一、二

37. 十二年煞方位

38. 年紫白飞星吉凶方位

39. 六甲祭祀吉凶日表一、二

40. 阳宅八星派的看法

41. 阳宅开门放水方位

42. 分径纲目

43. 罗候煞日年季时

44. 文昌及三煞方位

45. 坐山向山忌用年份

46. 请师法语

47. 买地文式

48. 十二梳解法语

49. 解煞咒

（六）苗族古歌

《汉译苗族古歌》（第一册）

古灰歌卷

第一章　天地自然的传说

第二章　世间有人的传说

第三章　创造万物的传说

第四章　人类祖先的传说

第五章　苗族先人的传说

第六章　部落纷争的传说

第七章　打食人魔的传说

第八章　迁徙的传说

第九章　迁徙简唱

古红歌卷

第一章　慰宾谢客

第二章　开亲结义

五、祝寿歌

六、祝龙歌

七、十贺十喜歌

八、接龙贺喜歌

九、团圆贺喜歌

第九章　古礼拾遗歌

一、古代媒人歌

二、开天立地远古歌

三、分姓氏定居歌

四、近古歌

五、踩门歌

《汉译苗族古歌》(第二册)

古堂歌卷

第一章　主人起歌

一、起唱

二、唱厨房

三、唱堂屋的火

四、唱媒人

五、唱养女的苦难

六、唱嫁女

七、唱引亲娘

八、唱背亲小舅子

九、唱伴娘

十、唱新郎

十一、唱新娘

十二、唱嫁妆

十三、唱副客

十四、放歌给正客接

第二章　正客接歌

一、第一轮推辞歌

二、第二轮推辞歌

三、正客接歌

（七）历代手抄本扫描

编号	种类	书目	页数	格式	纸质	年代
01	客师	客师神名通书	35	从右到左	清明纸	光绪二年
02	客师	传度科卷一	18	从右到左	清明纸	同治三年
03	客师	传度科卷二	12	从右到左	清明纸	同治三年
04	客师	安坛科	25	从右到左	黄连纸	民国十三年
05	客师	保坛真诀	18	从右到左	清明纸	同治元年
06	客师	上刀梯穿街秘诀	17	从右到左	清明纸	同治五年
07	客师	开天门真诀	36	从右到左	清明纸	同治三年
08	客师	开天门各种文疏表章	33	从右到左	清明纸	现代转抄
09	客师	度亡师取水开五方等	17	从右到左	黄连纸	民国初年
10	客师	打先锋绕棺三卷	36	从右到左	黄连纸	民国初年
11	客师	度亡师解结下坛合钉	35	从右到左	黄连纸	民国初年
12	客师	文疏表章	54	从右到左	清明纸	同治元年
13	客师	赞唱科	66	从右到左	清明纸	民国十六年
14	客师	讨签科范	35	从右到左	清明纸	光绪二年
15	客师	上表科	18	从右到左	黄连纸	民国十六年
16	客师	傩歌	50	从右到左	黄连纸	民国十七年
17	客师	真诀录本	18	从右到左	清明纸	清末
18	苗师	古老话卷一	24	从右到左	清明纸	现代转抄
19	客师	各项秘诀大法	52	从左到右	清明纸	民国时期
20	客师	杂录秘诀	25	从左到右	清明纸	现代转抄
21	客师	香签辞	25	从左到右	清明纸	现代转抄
22	客师	请水至发功曹四科	17	从左到右	清明纸	现代转抄
23	客师	坐兵场请法主跑傩	18	从左到右	清明纸	现代转抄
24	客师	交牲陈牲游愿上熟	28	从左到右	清明纸	现代转抄
25	客师	接驾至辞神六科合钉	34	从左到右	清明纸	现代转抄
26	客师	采合标开洞先锋开山	27	从左到右	清明纸	现代转抄
27	客师	八郎、土地	28	从左到右	清明纸	现代转抄

编号	种类	书目	页数	格式	纸质	年代
28	苗师	巴高琶转闭告归	35	从左到右	清明纸	现代转抄
29	苗师	刨酒	13	从左到右	清明纸	现代转抄
30	苗师	岔共松	31	从左到右	清明纸	现代转抄
31	客师	用法简要	19	从左到右	清明纸	现代转抄
32	家谱	史记	16	从左到右	清明纸	现代转抄
33	客师	热坛科	28	从左到右	清明纸	现代转抄
34	客师	度亡师开天门大法	39	从左到右	清明纸	现代转抄
35	客师	信众参圣	27	从左到右	白厚纸	现代转抄
36	客师	进表、唱下马	38	从左到右	清明纸	现代转抄
37	客师	求子卷一	43	从左到右	清明纸	现代转抄
38	客师	求子卷二	32	从左到右	清明纸	现代转抄
39	客师	标码度法科问本	25	从左到右	清明纸	现代转抄
40	客师	标码度法科答本	20	从左到右	清明纸	现代转抄
41	客师	三十六堂概要	56	从左到右	清明纸	现代转抄
42	客师	藏身三十六诀	26	从左到右	清明纸	现代转抄
43	客师	镇坛道德经	67	从左到右	白厚纸	现代转抄
44	客师	镇宅谢土	24	从左到右	白厚纸	现代转抄
45	客师	傩愿白天法事十九堂	167	横式	笔记本	现代抄写
46	苗师	接龙等三科	187	横式	笔记本	现代抄写
47	苗师	吃猪等三十九堂苗祀	165	横式	笔记本	现代抄写
48	苗师	椎牛法事之一	135	横式	笔记本	现代抄写
49	苗师	椎牛法事之二	113	横式	笔记本	现代抄写
50	苗师	椎牛摆设平面图	11	图式	白厚纸	现代绘

（注：以上内容为部分书稿目录，仅供参考，正式出版略有调整。）

附　相关图片

2005 年 5 月被吉首大学聘为客座教授

2005 年 8 月到吉首大学作有关巴代文化的学术报告

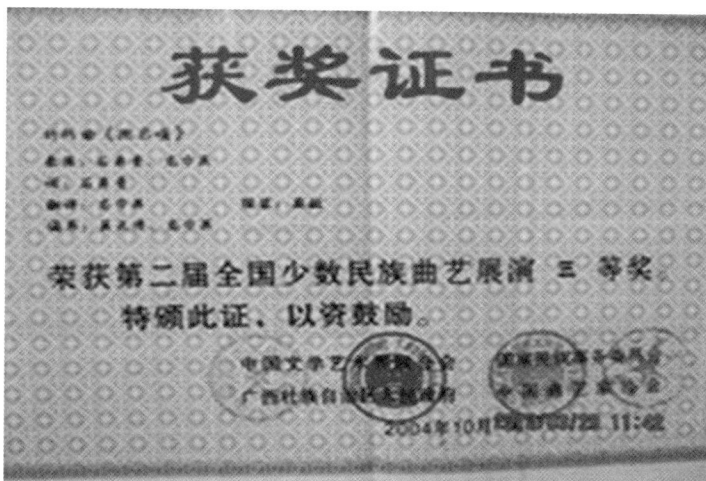

"巴代雄"仪式戏《抱己嘎》获国家级三等奖

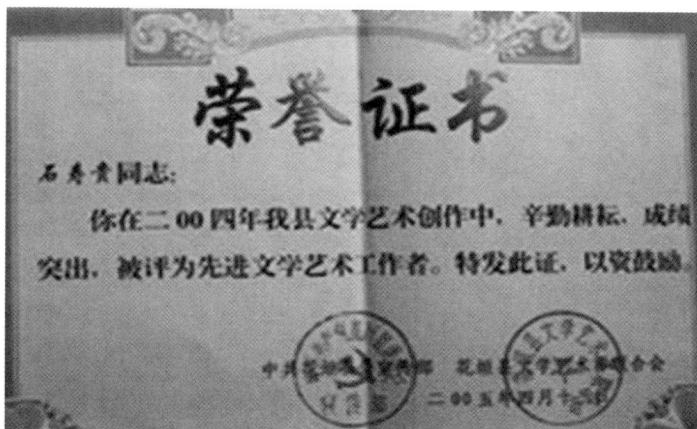

2004 年 4 月被花垣县委宣传部、县文联评为"先进文学艺术工作者"

2005 年 6 月获湘西州人民政府"文艺创作突出贡献奖"

2009 年 6 月被评为"非遗"保护名录"苗族巴代"州级传承人，
获非物质文化遗产保护名录"苗族巴代"州级传承人奖

2011 年 12 月被花垣县政协评为"先进个人"

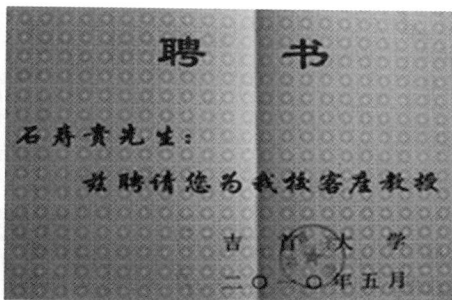

2010 年 5 月被聘请为吉首大学客座教授

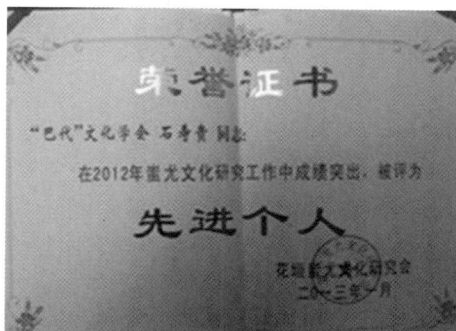

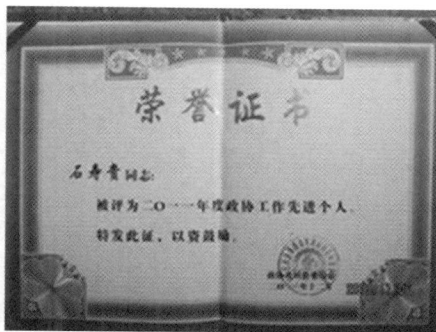

2013 年 1 月获蚩尤文化研究"先进个人"奖

石寿贵的巴代文化保护基地小楼

小楼右角最早悬挂的用粉笔书写的研究基地的牌子

小楼第一层的中堂是学术交流接待厅,
两边墙壁装上宣传镜框是巴代图片展示窗

学术交流接待厅后墙上挂的是州书法家协会主席
杨刚及县政协副主席熊民黎等人的题词和赞诗

学术交流接待厅右面墙上的来宾交流合影留念图片展示窗

学术交流接待厅左面墙上的巴代仪式图片展示窗

巴代文化保护基地的牌子

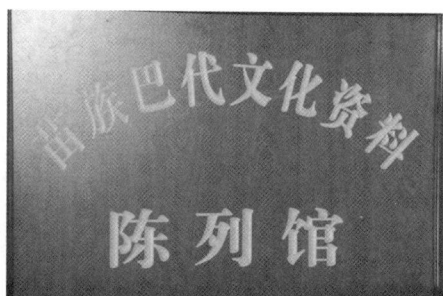

巴代文化资料陈列馆的牌子

巴代文化学会的牌子

吉首大学调查基地的牌子

石寿贵主持的巴代文化学会获奖

巴代文化研究基地牌子

湘西州政府颁发的非物质文化遗产传习所牌子

花垣县政府颁发的苗族古歌传习所牌子

传习所荣获 2014 年先进集体奖

巴代基地荣获 2015 年先进单位奖

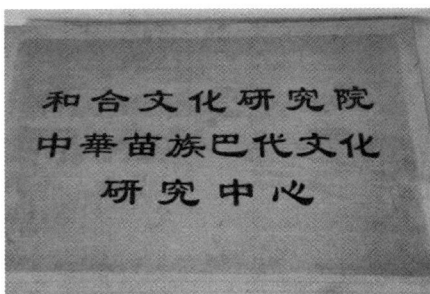

和合文化研究院、中华苗族巴代文化研究中心牌子

设有书桌及打印机的工作室之一

设有书桌的工作室之二

左间书桌后设有巴代文化资料柜，以便查询各种资料

小楼第二层的左前间是巴代文化藏书室，内有八个
大文件柜及一张书桌，收藏有此前所出版的本地区有关
苗族民俗文化的书籍以及巴代历代手抄本等图书 800 余册

小楼第二层的中堂是巴代文化资料陈列厅，内有18个巴代资料柜，
分上下两层，其中上层用来装文稿资料

左前壁柜两柜装有76集《苗族巴代文化系列丛书》

左后壁一柜装有部分佛教经典以及田野考察所搜集的记录笔记

后壁三柜装有巴代仪式单行本 380 册

右面后壁一柜装有佛教部分大藏经以及 30 卷玄学研究资料

右壁前二柜装有 327 科巴代仪式影像以及 22 集仪式图片资料

下层 9 个柜子装有巴代实物资料 236 件（套）

书稿陈列柜之一

巴代实物资料陈列之一

获得的各种荣誉证书

石寿贵整理巴代文化书稿
（花垣县政协副主席王力平摄）

2013 年秋，巴代文化学会成立一周。
图为诗词楹联学会送来的
"苗学大师"题字（石明照书）

石寿贵在搜集巴代文化资料的路上

石寿贵在蚩尤文化学术报告会上

巴代文化研究基地资料陈列室之一角

巴代文化研究基地实物资料陈列室之一角

巴代文化研究基地资料陈列室之一角

陈列的部分道具法器

陈列的部分道具法器

巴代文化诗词字画

巴代文化研究基地书稿资料陈列室

巴代文化资料陈列室之一角

巴代文化研究基地巴代仪式
实物陈列室之一角

道具法器陈列室一角

部分历代手抄本陈列

巴代文化研究基地巴代仪式
实物陈列室之一角

刀、剑、戈、杖

各种法衣

傩衣、蓑衣、蚩尤服

各种神像旗幡

法器之一角

各种印板图章

绺巾、面具、蚩尤帽、蚩尤刀等

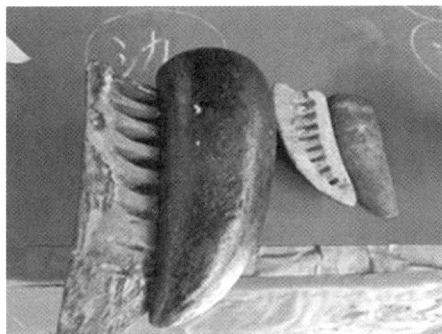

箸子

桃符

手炉

令牌、水碗

傩头面具

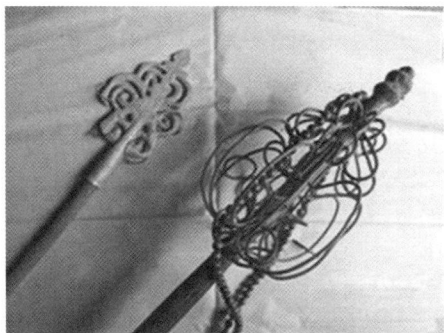

锡杖

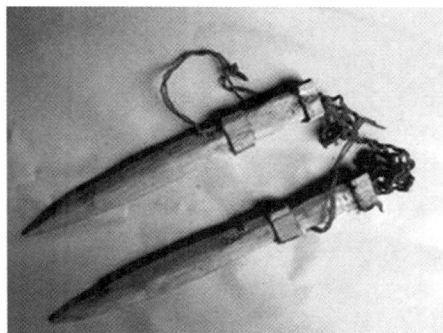

桃木剑

蚩尤铃

2005 年 5 月，石寿贵被聘为
吉首大学客座教授。图为历史
文化学院副院长瞿州莲授聘书

2005 年 8 月，石寿贵在吉首大学讲学

2011 年 10 月 3 日，湖南省政协副主席
武吉海率州领导龙颂江、何益群，花垣
县委书记彭益，县长麻超等一行前来
石寿贵巴代文化研究基地考察调研

2012 年 7 月 25 日，中山大学人类学
教授周大鸣来石寿贵巴代文化研究
基地考察调研时与石寿贵合影

2012 年 4 月 24 日，湖南省民委副主任
田代武来石寿贵巴代文化研究基地
考察时与石寿贵合影

2015 年 5 月 15 日，台湾"中央研究院"教授
康豹、台湾中正大学教授王明珂，中央民族
大学教授麻树兰、石建中等来访时合影

2007 年 5 月 15 日，美国犹他大学
刘丽萍（原籍湖南常德）来访时合影

2003 年 12 月 11 日，德国电视一台
来访巴代文化基地时合影

2012 年 4 月 25 日，湖南省党校刘勇、
麻超一行来石寿贵巴代文化研究基地
考察，石寿贵为他们介绍巴代文化

后 记

　　笔者在本家 32 代祖传的丰厚资料的基础上，通过 50 多年来对湖南、贵州、四川、湖北、重庆等五省市及周边各地苗族巴代文化资料挖掘、搜集、整理和译注，最终完成了这套《湘西苗族民间传统文化丛书》。

　　本套丛书共 7 大类 76 本 2500 多万字及 4000 余幅仪式彩图，这在学术界可谓鸿篇巨制。如此成就的取得，除了本宗本祖、本家本人、本师本徒、本亲本眷之人力、财力、物力的投入外，还离不开政界、学术界以及其他社会各界热爱苗族文化的仁人志士的大力支持。首先，要感谢湖南省民族宗教事务委员会、湘西州政府、湘西州人大、湘西州政协、湘西州文化旅游广电局、花垣县委、花垣县民族宗教事务和旅游文化广电新闻出版局、吉首大学历史文化学院、吉首大学音乐舞蹈学院、湖南省社科联等各级领导和有关工作人员的大力支持；其次，要感谢中南大学出版社积极申报国家出版基金，使本套丛书顺利出版；最后，还要感谢苗族文化研究者、爱好者的大力推崇。他们的支持与鼓励，将为苗族巴代文化迈入新时代打下牢固的基础、搭建良好的平台；他们的功绩，将铭刻于苗族文化发展的里程碑，将载入史册。《湘西苗族民间传统文化丛书》会记住他们，苗族文化阵营会记住他们，苗族的文明史会记住他们，苗族的子子孙孙也会永远记住他们。

　　本书以相关院校和其他社会各界对苗族巴代文化阵营的报道、刊登和评论为主要内容。由于对苗族巴代文化的研究还有待进一步深入，其中诸多术语、论断有可能还不够完善，还由于工程巨大、牵涉面广、时间仓促，错误在所难免，诚望读者海涵、指正。

浩浩宇宙，莽莽苍穹，茫茫大地，悠悠岁月，古往今来，曾有我者，一闪而过，何失何得？我们匆匆忙忙地从来处来，又将急急促促地奔向去处，当下只不过是到人世这个驿站小驻一下。人生虽然只是一闪而过，但我们总该为这个驿站做点什么或留点什么。瞬间的灵光，留下一丝丝印记，那是供人们记忆的。最后我们还得从容地走，而且要走得自然、安详、果断，消失得无影无踪……

编　者

2019 年 11 月

图书在版编目（CIP）数据

侧记篇之守护者 / 石寿贵编. —长沙：中南大
学出版社，2019.12
（湘西苗族民间传统文化丛书）
ISBN 978 - 7 - 5487 - 3828 - 2

Ⅰ.①侧… Ⅱ.①石… Ⅲ.①石寿贵—生平事迹
Ⅳ.①K825.41

中国版本图书馆 CIP 数据核字（2019）第 256943 号

侧记篇之守护者
CEJIPIAN ZHI SHOUHUZHE

石寿贵　编

□**责任编辑**　彭亚非
□**责任印制**　易红卫
□**出版发行**　中南大学出版社
　　　　　　社址：长沙市麓山南路　　　　邮编：410083
　　　　　　发行科电话：0731 - 88876770　　传真：0731 - 88710482
□**印　　装**　湖南省众鑫印务有限公司

□**开　　本**　710 mm×1000 mm 1/16　□印张 14　□字数 246 千字　□插页 2
□**版　　次**　2019 年 12 月第 1 版　□2019 年 12 月第 1 次印刷
□**书　　号**　ISBN 978 - 7 - 5487 - 3828 - 2
□**定　　价**　222.00 元